交通运输类"十四五"创新教材
海船船员培训合格证考试培训教材

基本安全

——防火与灭火

主　编 ◉ 戴树龙　　王海洋　　李　博
副主编 ◉ 陈永盛　　乔　志　　孙　健
主　审 ◉ 杜林海

大连海事大学出版社
DALIAN MARITIME UNIVERSITY PRESS

ⓒ 戴树龙　王海洋　李　博 2022

图书在版编目(CIP)数据

基本安全. 防火与灭火 / 戴树龙，王海洋，李博主
编. — 大连：大连海事大学出版社，2022.12(2024.4重印)
海船船员培训合格证考试培训教材
ISBN 978-7-5632-4333-4

Ⅰ. ①基… Ⅱ. ①戴… ②王… ③李… Ⅲ. ①船员—
安全教育—资格考试—教材②船舶—消防—资格考试—教
材 Ⅳ. ①U676.2②U664.88

中国版本图书馆 CIP 数据核字(2022)第 240011 号

大连海事大学出版社出版

地址:大连市黄浦路523号 邮编:116026 电话:0411-84729665(营销部) 84729480(总编室)
http://press.dlmu.edu.cn E-mail:dmupress@dlmu.edu.cn

大连天骄彩色印刷有限公司印装　　　　　　大连海事大学出版社发行

2022 年 12 月第 1 版　　　　　　　　　　2024 年 4 月第 4 次印刷
幅面尺寸:170 mm×240 mm　　　　　　　　　　　印张:10
字数:203 千　　　　　　　　　　　　印数:9001~12000 册
出版人:刘明凯

责任编辑:魏　悦　　　　　　　　　　责任校对:王　琴
封面设计:解瑶瑶　　　　　　　　　　版式设计:解瑶瑶

ISBN 978-7-5632-4333-4　　　定价:35.00 元

前言

随着国际海事组织及世界主要航运国家对船舶运输中船员人身安全、船舶安全、海洋环境保护等方面的重视程度的日益提高,国际公约、规则,港口国监督,行业组织的审核要求的提高和更新步伐明显加快。与之相对应的是对船员的,特别是对努力扩展国外劳务市场的中国船员的个人安全意识和安全操作水平等基本素质和能力的要求也越来越高。

国际海事组织于2010年对《海员培训、发证和值班标准国际公约78/95》进行了全面修订,通过了《1978年海员培训、发证和值班标准国际公约马尼拉修正案》,该修正案对海船船员培训合格证培训、发证提出了新的要求。为全面履约,提高我国海员的培训质量,交通运输部于2021年发布了《海船船员培训大纲(2021版)》,对海船船员培训合格证的适任要求,培训的理论知识、实践技能,评价标准及学时等作出了详细规定。为实施高素质船员队伍建设,进一步提升海船船员适任能力,加强考试管理,根据《中华人民共和国海船船员适任考试和发证规则》和《海船船员培训大纲(2021版)》,中华人民共和国海事局编制并发布了《海船船员考试大纲(2022版)》。

为了更好地配合我国的履约工作,更好地按照《海船船员培训大纲(2021版)》和《海船船员考试大纲(2022版)》要求,在新形势、新要求下推进并完善海船船员培训工作,增强海船船员的个人安全意识,提高海船船员的专业技能,大连海事大学航海训练与工程实践中心组织有丰富培训教学经验和航海实践经验的教师编写并审定了本套"海船船员培训合格证考试培训教材"。

本套教材满足《1978年海员培训、发证和值班标准国际公约马尼拉修正案》、《海船船员培训大纲(2021版)》和《海船船员考试大纲(2022版)》对海船船员培训合格证的各项要求,紧密结合我国有关船员职业培训的最新规定,知识点全面,图文并茂,易于学员学习、理解。为加深学员对书中知识点的理解和把握,教材对重点内容增加了立体化资源;为方便学员学习和自测,及时了解个人对所学知识的掌握程度,教材提供了练习题。学员可通过手机扫描书中对应位置的二维码获得这些资源。

《基本安全——防火与灭火》由戴树龙、王海洋、李博主编,戴树龙统稿,陈永盛、乔志、孙健为副主编,杜林海主审。宫玉广在本书的编写过程中给予了很大的帮助,在此表示感谢。

1

航海科技日新月异,相关国际公约、各国法律法规、行业标准和规定也在不断进步和完善,本套教材未尽之处请广大同仁和读者批评斧正。

大连海事大学航海训练与工程实践中心

2022 年 10 月

扫码学习《深入学习贯彻党的二十大精神　加快建设交通强国当好中国式现代化开路先锋》

目录

第一章

绪 论

第一节 船舶火灾的特点及危害

船舶作为全球航运最重要的载体,以其巨大的运量、低廉的成本,在世界各国的经济贸易交流中做出了突出的贡献。船舶安全是保障船舶运输的前提。在海上,船舶会遇到各种各样的危险和发生各类事故,火灾便是其中之一。火灾有全损率高、易发、频发等特点,这使防火一直以来都是船舶安全管理工作的重点。

一、船舶火灾的特点

(一)船上的可燃物多

船上的可燃物多主要体现在以下三个方面:

1. 船舶可燃性的内部装饰材料多

这主要来源于船舶的装修和装饰。虽然《国际海上人命安全公约》(International Convention for Safety of Life at Sea,SOLAS)对船舶舱壁、衬板、天花板和镶板等装饰及装修材料的防火性能做出了严格的规定,但是由于技术的原因,在装修和装饰中还会使用相当数量的可燃性装修及装饰物料,特别是地毯、帘布、床上用品等都是可燃材料。上述的可燃材料重量占邮轮自重的 5%～9%,火灾荷载相当大。虽然其在货船中的比例有所降低,但是就生活区单位面积内的可燃材料数量看,还是相差无几。

2. 船舶自身的油类储备多

这里的油类主要是指燃油。船舶的燃油储量很大,为了维持船舶运转,需要为船舶配备足够的燃油。远洋船舶燃油储量通常可以按船舶载重量的 10% 进行估算,具体配备数量根据航次定。常见的灵便型散装货船的日耗油量在 25 t 左右。

3. 船舶运输货物中的可燃货物多

船舶的运量大,载货量从几万吨到几十万吨不等,各种运输船舶承运的货物的品种也多,如干杂货、包装货、散装货、液体货物、气体货物及化学品货物,特别是化学危险品货物等。在这些海运物中,存在大量的可燃物。

(二)船上的火源多

船舶本身是一个功能齐全的社会。普通货船包括动力设施、生活服务设施等,例如机舱(包括电站)、货舱、生活服务处所;邮轮为了满足旅客的需要,包括数百间客房、多个餐厅和酒吧、游泳池、户外活动场所、健身房、桑拿房、娱乐场、网吧和图书馆、购物中心、跨多层甲板的剧院等。在上述场所,都会存在明火、暗火、热表面、火星、热工作业、吸烟、机器设备或电气设备、厨房炉灶等引起船舶火灾的隐患。

(三)船舶火灾易蔓延

现代船舶船体结构多以钢板制造。钢板的热传导性能较强,通常起火后 3～5 min,温度可上升 500～900 ℃,钢板被迅速加热,成为温度很高的物质,其热量会沿钢板快速传播,结果将钢板附近或相邻的可燃物引燃,从而造成火灾蔓延扩大。虽然船舶都必须采取结构防火措施,但是对于突发的大火或爆炸,船舶的防火结构不久就将失去其防止火灾扩大、增强、蔓延的作用,又由于船舶各区域或舱室紧密相连,势必造成多处相继发生火灾或爆炸,致使根本无法采取任何有效的灭火行动,最终导致火势失控。

(四)船舶结构复杂,不利于消防行动的展开

船舶需要为船员和旅客提供各种工作、生活及娱乐设施,这些设施又被安装在船舶不同部位的不同的舱室(地点)内。在船舶有限的空间内布置众多的舱室,会使船舶空间紧凑,通道和楼梯狭窄。空间紧凑、通道狭窄的特点使人员难以疏散,扑救行动难以展开;如果通道被火阻断,从几个方向都很难接近火场施救;同时,火灾形成的浓烟和热辐射、热对流,也往往使扑救人员无法靠近现场,严重阻碍灭火行动。

(五)扑救难度大,难以获得外援

当船舶在海上航行时发生火灾,在第一时间难以得到外界及时的救援,即使在船舶附近有其他船只,也可能由于海面风大浪高、天黑或雾大,使他船难以靠近,无法实施有效的救援,船员只能自行灭火。但是,由于船舶结构复杂,空间狭小,货物密集,通道狭窄,人员难以疏散,所以船舶火灾的扑救远比陆地火灾的扑救困难。

第一,船舶火灾的扑救涉及全面指挥、现场灭火、火场隔离等多个方面,这需要足够的人力资源,而船舶定员又决定了在多数情况下,人员的安排无法充分满足消防行动的需要。

第二,船上配备的消防设备有限。通常一艘船配备的消防设备包括固定式水灭火系统、固定式二氧化碳灭火系统(油船配备甲板泡沫和高倍泡沫灭火系统)和可携式消防设备等。这些设备(除固定式水灭火系统外)所使用的灭火剂在船上的储量有限,不像在陆地上可以得到及时补充;而对于固定式水灭火系统,如果不加限制地随意使用,又会形成自由液面,容易导致船舶倾覆。上述的不利因素决定了船舶火灾的自救难度非常大。

二、船舶火灾的危害

(一)人员伤亡

船舶火灾之所以让人"望而生畏",主要是因为船舶一旦发生火灾,很容易扩散、蔓延,进而演变成大火,对船上人员的生命构成巨大威胁。当船舶火灾失控、蔓延或发生爆炸时,由于船舶的结构比较复杂,船上人员较多,一旦不能迅速疏散或撤离火灾危险区域,极易造成群死群伤的严重后果。由以往发生的船舶事故可知,船舶火灾造成的人身伤亡的情况非常严重。

例如:2018 年 1 月,巴拿马籍油船"桑吉"轮与中国香港籍散货船"长峰水晶"轮在长江口以东约 160 n mile 处发生碰撞,导致"桑吉"轮全船失火,船上 3 名人员死亡、29 名人员失踪。

(二)财产损失

现代船舶逐渐向大吨位、高科技和豪华舒适的方向发展,船舶的造价也在不断增加。现在一艘船舶的造价动辄几千万到几亿元人民币,特种船舶可能达几十亿元人民币,再加上船上货物的成本,一旦发生火灾,其经济损失是巨大的。此外,船舶火灾引发的沉船占用航道、码头,以及污染环境等所造成的损失也是巨大的。

2018 年 3 月,15 000TEU 的大型集装箱船"马士基浩南"号(Maersk Honam)航行到阿拉伯海时突发大火,由于距离陆地遥远,火势又凶猛,该船在海上连烧多个日夜。在本起事故中 3 名船员丧生,船舶也损坏严重,后经在建造船厂割去生活区及船体烧毁的前半段并替换了新建造的分段,该船又投入使用。该次火灾事故造成了航运史上最大的集装箱船舶共同海损索赔金额,最终的保险赔偿额超过 5 亿美元。除直接人员和货物损失外,船上火灾焚烧集装箱产生的数百吨危险废物的处理成本是造成经济损失的主要原因之一。

2012 年 7 月,一艘 6 732TEU 的集装箱船"地中海弗拉米尼亚"号(MSC Flaminia),从美国查尔斯顿驶往比利时安特卫普途中,在大西洋中部 4 号货舱起火爆炸,船员被迫弃船逃生,事故同样造成了 3 名船员遇难。船上载有的二乙烯基苯是导致本次事故发生的主要原因。本次事故给保险公司带来了高达 2.8 亿美元的损失。

(三)环境污染

由于船舶自身储存大量的燃油、润滑油等油类,同时,一些油船、化学品船等特种船舶所载货物也有特殊的化学特性,一旦发生船舶火灾,造成以上燃料或货物的泄漏及燃烧,将对海洋、大气和生态环境等造成极为恶劣的影响。这种污染对环境的破坏在短时间是无法恢复的。

如"桑吉"轮与"长峰水晶"轮事故中,凝析油的挥发及不完全燃烧产生的废气造成了严重的大气污染;"桑吉"轮的燃料油会给附近海域造成长期、严重的污染。

(四)国际影响

在经济全球化的大背景下,船舶是高度国际化的代表,牵一发而动全身。船舶一旦发生火灾,涉及多个国家的利益,如果处理不好,将对国家外交和国际关系产生影响。

例如:在"桑吉"轮与"长峰水晶"轮事故中,"桑吉"轮隶属伊朗光辉海运有限公司,船旗国为巴拿马,船员则由伊朗籍和孟加拉国籍组成,在东海水域发生火灾爆炸事故,除了我国的海事执法船、专业救助船、海警巡逻船和过往商渔船开展搜救外,还协调了韩国海警船舶、日本海上保安厅船舶参加搜救。救援过程中我国始终保持与有关各方的信息通报,及时向伊朗、孟加拉国的有关机构以及向国际海事组织(International Maritime Organization, IMO)通报救援的相关情况,与伊朗驻上海总领事保持实时联系。我国还在"西北太平洋行动计划"框架下向日本、韩国、俄罗斯通报了现场救援情况。最终的事故调查由我国内地、伊朗、巴拿马和我国香港地区的海事主管当局共同参与。

通过以上分析,可清楚了解到船舶火灾的危害,也反映出船舶消防工作对于防止和降低船舶火灾危害的重要作用。

第二节　船舶消防工作

一、船舶消防工作的重要性

火灾是一种不受时间、空间限制,发生频率很高的灾害。由于火灾一直在困扰着我们人类,自然应当引起人们的重视。船舶火灾是一种能对船舶及财产造成严重损失,给船上人员生命安全带来严重威胁的事故。众所周知,船舶火灾的原因复杂,船舶火灾的种类多,危害大。船舶一旦发生火灾,其后果相当严重,因此,所有船员都必须高度重视船舶消防工作。

(1)船舶消防工作是一项系统工程,需要多个部门紧密配合,更需要全体船员长期坚持,一刻都不能放松。

(2)船舶消防工作是船舶安全生产的重要组成部分。安全无小事,船舶消防工作的地位举足轻重。

(3)船舶消防工作是实现船舶安全营运的重要保障之一,是确保船上人员生命安全、船舶及财产不受损失的重要途径之一。

（4）船舶消防工作应符合国内外相关法律法规的要求，做好相关工作是船员必须履行的工作职责和社会责任，也是其应尽的义务。

（5）船舶消防工作能够培养和提高船员的安全防火意识及消防应变能力。在具体的船舶消防安全工作中，船员们能够受到锻炼、积累经验、汲取教训，不断提高自身应对船舶火灾的能力。

（6）船员应熟悉船舶消防工作的宗旨、目标、任务等。这样，船舶消防安全工作的成效才会显著提高，也才会对其他方面的安全工作起到一定的推动作用。

二、船舶消防工作的方针与要点

（一）船舶消防工作的方针

《中华人民共和国消防法》明确规定，消防工作应贯彻"预防为主，防消结合"的方针，船舶消防工作也应如此。"预防为主，防消结合"的方针，科学准确地表达了"防"和"消"的辩证关系。虽然防火和灭火是消防工作的两个方面，但是它们又是不可分割、有机统一的整体，两者密不可分、相辅相成。对于火灾必须采取标本兼治的方法，"防"是指消除各种火灾隐患，可以减少火灾的发生，避免火灾的危害；而"消"是指扑灭已经发生的火灾，从而减少火灾所造成的损失和人员伤亡，具有很强的实践指导意义。

（二）船舶消防工作要点

在船舶消防工作中，防火和灭火工作是必不可少的一部分。为了保障船舶消防安全，必须做好船舶防火和灭火两个方面的工作，同时，还需要按照船舶安全管理体系的要求，做好日常培训和演习工作，不断提升船员的消防水平和应急应变能力，将船舶消防工作落到实处。

1. 做好船舶防火工作

做好船舶防火工作，必须做好船员的防火培训工作。通过培养使船员接受并主动贯彻"预防为主，防消结合"的安全工作方针，必须让船员认识到，绝大多数船舶火灾是可以预防的。

做好船舶防火工作，要让船员学会如何"防"。落实防火工作，必须切实落实好船舶体系文件中确立的一整套的船舶防火防爆规章制度。防火防爆规章制度是指船舶日常工作中，船员需要坚持和遵守的防火规则，一般包括"船舶防火巡逻制度""电气防火安全制度""明火作业许可证制度""危险品管理制度"等。

通过遵守船舶防火防爆规章制度切实提高所有船员的消防意识，加强消防安全教育，使在船人员思想上保持警惕，常备不懈，这样，火灾才会处于可防状态。

2. 做好船舶灭火工作

灭火就是在船员充分认识火灾的危害性并做好防火工作的基础上，提高其灭火（扑救火灾）的能力。灭火工作的要领：第一，做到船舶发生火灾后，正确地使用各种灭火设备和器材去扑灭火灾;第二,高效地扑救火灾,需要健全的消防组织,完备的火灾应急计划,以及定期的消防演习训练等。

"防火"和"灭火"是有效地保证船舶消防安全的两个基本手段。两者在消防工作中紧密相连,不可分割,相互补充和促进。只有把两者紧密结合起来,才能真正实现保障船舶消防安全的目的。

3. 做好日常消防培训和演习

对船舶整个群体而言,船舶消防好比一场战役。为了最大限度地保证整个扑救过程的有效性和扑救效果,就必须建立科学、高效的消防组织,并定期进行消防演习。根据设定的灭火项目进行综合演练,要以实战的要求、临战的态度、统一的指挥、科学的分工和群体的力量来实现"1+1>2"的整体优势,确保收到良好的演习效果。

第二章
消防基础知识

第一节　燃烧的本质、特征和条件

一、燃烧的本质

燃烧是指可燃物跟助燃物(氧化剂)发生的剧烈的一种发光、发热的氧化反应。从本质上来说,燃烧是一种氧化还原反应,但它又不同于一般的氧化还原反应,因为它具有发光、放热、发烟、伴有火焰等基本特征。以上是燃烧的一般化学定义,除此之外,燃烧还有广义的定义,即燃烧是指任何发光发热的剧烈的反应,不一定有氧气参加,也不一定是化学反应。比如金属钠(Na)和氯气(Cl_2)反应生成(NaCl),虽然该反应没有氧气参加,但是剧烈的发光发热的化学反应,同样属于燃烧范畴。

随着对燃烧的认识加深,人们发现很多燃烧反应并不是直接发生的,而是游离基团的循环链式反应,发光和放热只是燃烧过程中的物理现象,游离基的链锁反应则是燃烧反应的本质。

二、燃烧的特征

燃烧反应的基本特征是放热、发光,生成新物质。燃烧区别于一般氧化还原反应主要在于燃烧过程中通常伴有放热、发光、火焰和烟气。

(一)放热

在燃烧反应过程中,由于反应物的能量始终大于生成物,因此,整个反应是放热的。由于反应中的一部分能量转换成热能释放出去,燃烧区域的温度持续升高,高温又引燃了附近的可燃物,如此循环下去,燃烧范围迅速扩大、温度迅速升高,高温

7

会对燃烧区域的结构和设备设施造成严重破坏。后面我们讲到的感温探测器，就是利用燃烧的这一特征，利用传感器将探测到的温度或温度变化转变成电信号，传递到控制单元，达到报警的目的。

（二）发光

发光是燃烧反应的另一种重要特征，燃烧反应中，白炽的固体粒子和一些不稳定的中间物质分子内的电子发生了能级跃迁，就产生了光。后面我们讲到的感光探测器，就是利用燃烧的这一特征，通过探测火场辐射的红外线或紫外线等，将其转变成电信号，达到报警的目的。

（三）火焰

火焰是可燃物在气相状态下发生燃烧反应的外部表现，它除了产生热和辐射的现象外，还具有电离和自行传播等特点。火焰的辐射主要来源于热辐射、化学发光辐射和高温固体颗粒辐射，这些都是影响火焰传播的重要因素。由于火焰具有电离特性，在电场的作用下，火焰的外部形态会发生变化，因此，我们经常会看到火焰会变长、变短或弯曲。着火和熄火的条件受电场的影响，也会产生一定的变化。火焰一旦产生，在整个反应终止前，会不断向周围蔓延传播。

（四）烟气

由于燃烧反应过程非常复杂，根据燃烧物的不同也会产生不同的燃烧产物。燃烧产物中有不少有毒有害气体，往往会侵入或刺激眼结膜、皮肤黏膜，使人中毒甚至死亡。燃烧产物中危害最大的当数烟气，火灾事故统计表明，火灾中70%以上的死亡由火灾中产生的烟气导致。烟气的危害性主要表现在其具有毒害性、高温高热性、减弱透光性和恐怖性。

1. 烟气具有毒害性

烟气的成分取决于可燃物的化学结构和燃烧条件。根据化学结构的不同，海运中涉及的可燃物可分为有机化合物和无机化合物。

大部分可燃物都是有机化合物，主要由碳、氢、氧、硫等组成。如果燃烧时含氧量充足，温度高且高于燃点温度，则为完全燃烧，其燃烧产物（烟气）包括二氧化碳、水蒸气、含硫气体等；如果含氧量不足或温度不稳定且低于燃点温度，则为不完全燃烧，其产物为一氧化碳、烟、焦炭等。船舶在发生火灾时，一方面由于采取了切断通风等控制火灾的措施，燃烧往往都是不完全燃烧；另一方面由于船舶的舱室空间狭小且通风不好，在火场内部就会有大量的一氧化碳等有毒气体产生。一氧化碳为一种无色无味的有毒可燃气体，在空气中的含量只要达到很小的浓度（约0.05%），人体就有中毒的危险，浓度达到0.5%~1%就能在5 min内致人死亡。因此，为了保证人员在消防过程中的安全和灭火任务的成功完成，必须加强对消防人员的防护措施，有效避免火灾中的危险燃烧产物烟气可能造成的危害。

人正常所需要的氧浓度应大于16%，而烟气中含氧量往往低于此数值。有关实验表明:当空气中含氧量降低到15%时,人的肌肉活动能力下降;降到10%~14%时,人就四肢无力,思维混乱,辨不清方向;降到6%~10%时,人就会晕倒;低于6%时,短时间内,人就会死亡。据测定,实际的着火房间中氧的最低浓度可降至3%左右,可见在发生火灾时人们要是不及时逃离火场是很危险的。

另外,火灾产生的烟气中含有大量的各种有毒气体,其浓度往往超过人的生理正常所允许的最高浓度,会造成人员中毒死亡。试验表明:氢氟酸的浓度达到270ppm,人立即死亡;氯化氢的浓度达到2 000ppm以上时,人在数分钟内死亡;二氧化碳的浓度达到10%时,人在短时间内死亡。

此外,海运过程中也有部分无机可燃物,例如磷、硫、轻金属、直接还原铁(DRI)等。部分货物在货舱中发生氧化还原反应,这个过程虽未生成有毒气体,但是由于与船舱里的空气发生氧化反应消耗了大量的氧气,致使进入船舱的人员会因氧气不足而窒息。

2. 烟气具有高温高热性

烟气中载有大量的热量,人在这种高温、湿热环境中极易被烫伤。烫伤体现在两个方面:皮肤的烫伤和呼吸道的烫伤。

3. 烟气具有减弱透光性

可见光的波长为0.4~0.7 μm,一般火灾烟气中烟粒子的粒径为几微米到几十微米,即烟粒子的粒径大于可见光的波长。这些烟粒子对可见光是不透明的,其对可见光有完全的遮蔽作用,当烟气弥漫时,可见光因受到固体悬浮粒子的遮蔽而大大减弱,导致能见度大大降低。

4. 烟气具有恐怖性

发生火灾时,火焰和烟气冲出门窗、孔洞,浓烟滚滚,烈火熊熊,使人产生了恐慌感,有的人甚至失去理智、惊慌失措,往往给火场内的人员安全疏散造成混乱局面。

三、燃烧的条件

物质要想燃烧,必须具备三个必要条件,即可燃物、助燃物和点火源。

(一)可燃物(还原剂)

凡是能与空气或其他氧化剂发生燃烧反应的物质均可被称为可燃物。海运货物中存在大量的可燃物,这些可燃物按其物理存在状态可分为气体可燃物、液体可燃物和固体可燃物。

1. 气体可燃物

凡是在空气中能燃烧的气体都称为可燃气体。在通常情况下,气体可燃物是最易燃烧的,诸如氢气、一氧化碳、甲烷、乙烯、乙炔、丙烷和丁烷等。它们可以直接和氧气混合,在明火状况下,发生燃烧。

2. 液体可燃物

液体可燃物所燃烧的也是气体(蒸气),液体可燃物释放出气体(蒸气)的数量直接和温度有关系。

3. 固体可燃物

固体可燃物包括木材、煤炭等,是在受热分解出水汽、气体和炭之后才燃烧。有些固体必须经过熔解、汽化才能燃烧,当固体可燃物被研磨成粉状后,易于燃烧。

可燃物的燃烧过程如图 2-1-1 所示。

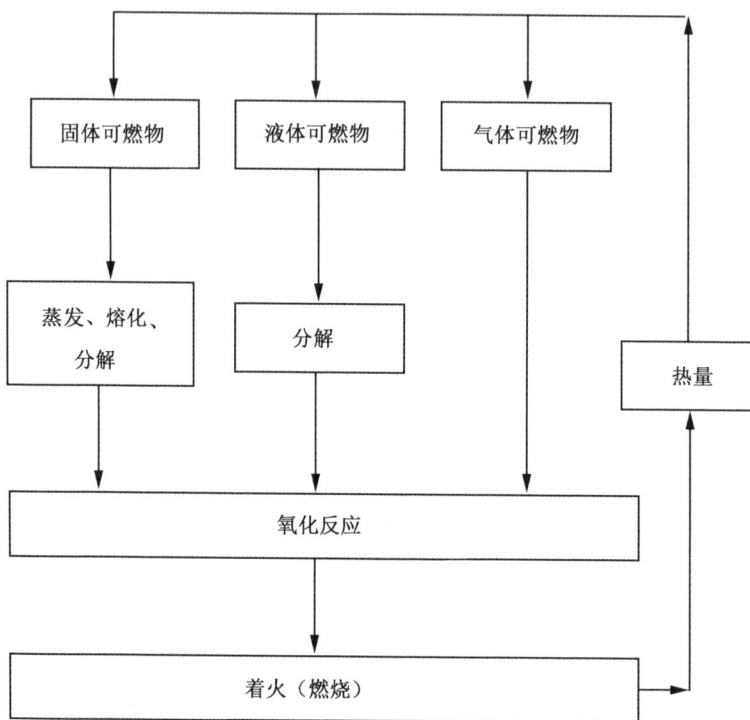

图 2-1-1 可燃物的燃烧过程

（二）助燃物（氧化剂）

凡是与可燃物结合能够导致或支持燃烧的物质,都可以叫作助燃物。助燃物本身不能燃烧,所以助燃物不是可燃物,但是没有助燃物,就不能产生燃烧现象。燃烧中的助燃物主要是空气中游离的氧,一些氧化剂如氯气、过氧化钠等,也可作为燃烧反应的助燃物。航运业中,《国际海运危险货物规则》(International Maritime Dangerous Goods Code,IMDG Code)(以下简称《国际危规》)定义了一类物质,叫作"氧化物和过氧化物",过氧化物也是支持燃烧的。

(三)点火源

凡是能引起可燃物燃烧的点燃能源都可以称为点火源。常见的点火源是热能，其他还包括化学能、电能、机械能和核能等转变的热能。船舶上常见的热能很多，包括明火、暗火、热表面（包括炽热体）、热工作业、火星、电火花、静电和自燃等。

明火是指带有火焰的火，如火柴、油灶的火。明火温度较高，一般为 700 ～ 2 000 ℃；暗火指不带有火焰的火，如烟头等。不论明火或暗火，都和船员的日常生活密切相关，稍有不慎或管理不严就很容易引起火灾。

船上机器的排气管、蒸汽管、锅炉外壳等都是热表面，如果溢油滴溅到这些热表面上，或者衣物、棉纱过分靠近热表面，就会造成温度升高而引起火灾。炽热体是指本身在受高温作用过程中，积蓄了大量热量的物体。例如刚刚焊接完的钢材会引燃附近的可燃物。

船上有大量的电气设备，如果有线路短路、超负荷运作、设计安装错误、电线老化、绝缘失效以及乱拉电线等现象，将会导致电器或线路发热，从而引起火灾。

船舶修理通常会用到电焊和气焊、气割等作业，这些作业的火焰温度比明火（焰）的温度更高，威胁更大。

船舶上的火星包括从船舶烟囱里飞出的和由物体间撞击摩擦产生的。火星可以引燃一些可燃物，或者引起石油气体或其他可燃气体的爆炸。火星虽小，但危害很大。

电火花是在电位不等的两点间放电产生的火花。除此之外，静电经过积聚，达到一定水平后放电，也会产生电火花。沾了油的棉纱、破布、木屑等易燃物，如果暴露在空气中，再加上通风不良，时间长了就会因氧化发热而发生自燃，酿成火灾。

以上三个条件通常被称为燃烧三要素，要想燃烧发生，三要素缺一不可。但是，某些情况下，即使三要素同时具备，燃烧也不一定发生。燃烧的发生，除了要具备三要素外，三要素还要达到一定的量，并且相互作用，比如可燃物和助燃物有一定的浓度和数量，点火源有足够的热量和温度。燃烧三要素相互作用从而产生燃烧，可以用一个封闭的三角形表示，即燃烧三角形，如图 2-1-2 所示。

链锁反应理论认为，很多燃烧反应的发生和发展除了需要具备三要素外，还需要一个反应的媒介——游离基（自由基），因此，游离基也是燃烧过程的必要条件，这也就形成了燃烧四面体，如图 2-1-3 所示。燃烧四面体对于我们更深入理解燃烧反应的过程，以及后面介绍灭火方法有重要的作用。

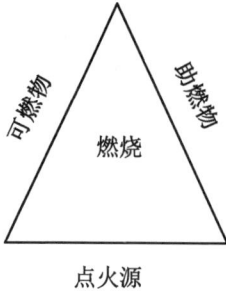

图 2-1-2　燃烧三角形　　　　　图 2-1-3　燃烧四面体

第二节　燃烧的类型

　　燃烧的类型是指具有共同特征但表现形式不同的燃烧现象。根据燃烧所表现的不同形式,燃烧可分为闪燃、着火、自燃和爆炸四种类型。掌握不同燃烧类型发生的条件,对预防火灾的发生和有效扑灭火灾有重大的指导意义。

　　燃烧是一种现象,但是在燃烧现象的发生过程中,由于不同的可燃物、不同的含氧量、不同的燃烧空间等,又有不同的燃烧表现。根据燃烧表现的不同可分为不同的燃烧类型。

一、闪燃

(一)闪燃和闪点

　　闪燃是指可燃性液体挥发的蒸气与空气混合达到一定浓度或可燃性固体加热到一定温度后,遇明火发生一闪即灭的燃烧。发生闪燃,是因为在当时的表面温度不高,虽然初始液体表面的蒸气浓度达到了爆炸下限,但由于蒸发速度慢,产生的蒸气无法补充燃烧消耗的蒸气来维持稳定燃烧,而仅能维持一刹那的燃烧,所以产生一闪即灭的现象。

　　在规定的试验条件下,可燃性液体或固体表面产生的蒸气在试验火焰作用下发生闪燃的最低温度,称为闪点。闪点的测定有两种方法:一种为闭杯闪点;另一种为开杯闪点。一般闪点在 150 ℃以下的可燃液体用闭杯法测定,反之用开杯法测定。部分易燃和可燃液体的闪点如表 2-2-1 所示。

表 2-2-1　部分易燃和可燃液体的闪点

名称	闪点/℃	名称	闪点/℃	名称	闪点/℃
汽油	−50	乙苯	23.5	丁二烯	41
煤油	37.8~73.9	丁苯	30.5	氢氰酸	−17.5
柴油	60~110	甲酸丙酯	−3	二硫化碳	−45
原油	−6.7~32.2	乙酸丙酯	13.5	苯乙烯	38
甲醇	11.1	乙醇	12.78	乙醚	−45
己烷	−20	乙醛	−17	丙酮	−10
苯	−14	甲酸	69	松香水	6.2
甲苯	5.5	乙酸	42.9	松节油	32

(二)闪点在消防上的应用

在海运过程中,闪点的高低可以作为评价可燃液体火灾危险性的依据。液体的闪点越低,火灾危险性就越大。当运输的可燃液体温度高于其闪点时,随时都有被点燃的危险。

(1)闪点是表示可燃液体性质的指标之一。如果热能源的温度低于闪点,液体不会发生火灾危险。

(2)闪点是评定可燃液体火灾危险性的重要因素。易燃液体是《国际危规》中的第 3 类危险品。《国际危规》第 3 类易燃液体第 3.5 款易燃性划分危险类别规定,就包装而言,根据其闪点、沸点和黏度对易燃液体进行分类,如图 2-2-1 所示。

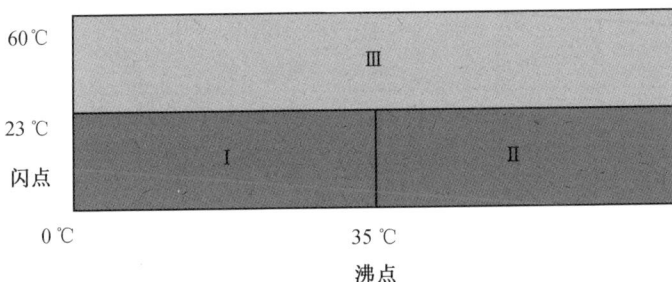

图 2-2-1　《国际危规》中根据包装要求对易燃液体进行的分类

在《国际危规》中,评定易燃液体的危险性有两个关键的数据:一个是闪点;另一个是沸点。《国际危规》按照包装要求将易燃液体划分为三类:第一类为闪点小于23 ℃,初始沸点小于或等于 35 ℃的易燃液体;第二类为闪点小于 23 ℃,初始沸点大于 35 ℃的易燃液体;第三类为闪点大于等于 23 ℃以及小于等于 60 ℃的易燃液体。第一类和二类都是闪点小于 23 ℃的易燃液体。

二、着火

(一)着火和燃点

可燃物在空气或氧化剂中与点火源接触后即发生燃烧,点火源移去后仍能持续燃烧,这种现象称为着火。在规定的试验条件下,物质在外部引火源作用下表面起火并持续燃烧一定时间所需的最低温度,称为燃点。

一般的规律是:高闪点可燃液体的燃点比其闪点高 5~20 ℃,但闪点在 100 ℃ 以下时,易燃液体的燃点比其闪点高出 1~5 ℃,而且液体的闪点越低,差别越小。实际上在敞口容器中很难把易燃液体的闪燃和着火区别开,在没有闪点数据的情况下,也可以用燃点表征易燃液体发生火灾的危险程度。部分可燃物的燃点如表 2-2-2 所示。

表 2-2-2　部分可燃物的燃点

名称	燃点/℃	名称	燃点/℃
豆油	220	布匹	200
松节油	53	松木	250
石蜡	158~195	赛璐珞	100
蜡烛	70	醋酸纤维	320
樟脑	70	涤纶纤维	390
纸张	130	腈纶	355
棉花	210~255	聚乙烯	341
麻绒	150	有机玻璃	260
麻	150~200	聚丙烯	270
木材	250~300	聚氯乙烯	391

(二)燃点在消防上的应用

燃点对可燃固体和闪点比较高的可燃液体具有实际意义。将上述物质的温度控制在燃点以下,是预防该物质发生火灾的有效措施之一。

三、自燃

(一)自燃的定义

自燃是指可燃物在没有外部火源的作用时,因受热或自身发热并蓄热所产生的燃烧。由以上定义可知,自燃一般分为本身自燃和受热自燃两种。

(二)自燃的分类

1. 本身自燃(蓄热自燃或自热自燃)

常温下由于可燃物本身内部的生物(植物的有氧呼吸)、物理(吸潮膨胀而产生的热)、化学的作用而产生热,在一定条件下,积热不散、温度升高,达到该物质的自燃点而发生的自行燃烧被称为本身自燃。能发生本身自燃的物质有植物、油脂(沾上油脂的棉、麻织物)、煤等。货舱中的煤的自燃如图 2-2-2 所示。

图 2-2-2 货舱中的煤的自燃①

部分可燃物在空气中的自燃点如表 2-2-3 所示。

表 2-2-3 部分可燃物在空气中的自燃点

名称	自燃点/℃	名称	自燃点/℃
汽油	415~530	煤油	210
石油	约350	二硫化碳	112
氢	572	木材	250~350
一氧化碳	609	褐煤	250~450
木炭	350~400	乙烷	248
辛烷	218	棉纤维	530
乙炔	305	甲醇	498
苯	580	乙醇	470
锌	680	镁	520

2. 受热自燃

可燃物在外部热源作用下温度升高,达到其自燃点而自行燃烧称为受热自燃。可燃物与空气一起被加热时,首先缓慢氧化,氧化反应热使物质温度升高,同时由于散热也有部分热损失。若反应热大于损失热,氧化反应加快,温度继续升高,达到物质的自燃点而自燃。在化工生产中,可燃物由于接触高温热表面、加热或烘烤、撞击或摩擦等,均有可能导致自燃。图 2-2-3 是货舱里的松木受到 500 W 照明灯的照射

---

① 图片来自《固体散装货物安全操作规则》(Code of Safe Practice of Solid Bulk Cargo,BC Code)。

后发生自燃的试验。

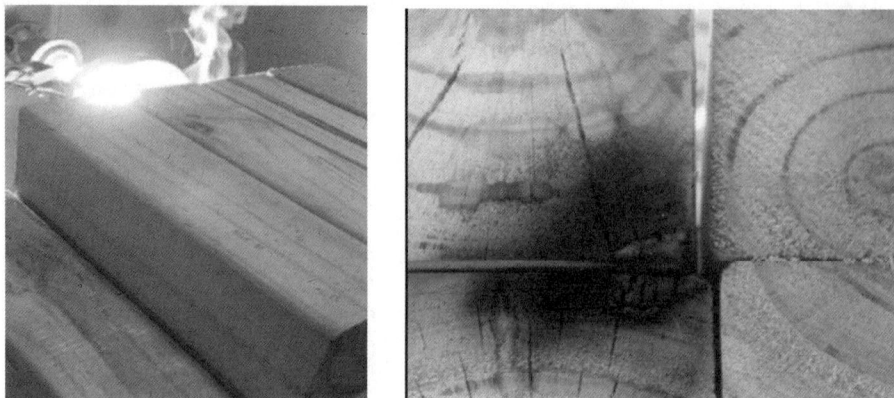

图 2-2-3　物质的受热自燃试验

在运输自燃货物时,应该经常测量舱温,以保证舱温低于所运输货物的自燃点;同时在积载此类货物时,应对此类货物采取与热源隔离、妥善包装、防止潮湿、良好通风等措施。

四、爆炸

(一)爆炸的定义

爆炸是指在周围介质中瞬间形成高压的化学反应或状态变化,通常伴有强烈的放热、发光和声响。

(二)爆炸的分类

按照爆炸物质在爆炸过程中的变化,爆炸可以分为化学爆炸、物理爆炸和核爆炸。

1. 化学爆炸

由于爆炸性物质本身发生了急剧的化学变化,生成了大量气体并产生较高温度而形成的爆炸叫化学爆炸。如炸药、可燃气体、粉尘与空气的混合物发生的爆炸就是化学爆炸。物质的化学成分和化学性质在化学爆炸后均发生了质的变化。

2. 物理爆炸

物质因状态或压力发生突变而形成的爆炸叫物理爆炸。如蒸汽锅炉、压缩气体、液化气体钢瓶过压等引起的爆炸都属于物理爆炸。物质的化学成分和化学性质在物理爆炸后均不发生变化。

3. 核爆炸

由原子核裂变或核聚变引起的爆炸叫核爆炸。如原子弹、氢弹的爆炸属于核爆炸。

在船舶上,爆炸一般为突发或偶发的,而且往往伴随着火灾的发生。爆炸所造成的危害性大,损失也较大。图 2-2-4 为"韩进-宾夕法尼亚"号集装箱船的爆炸场景。

图 2-2-4 "韩进-宾夕法尼亚"号集装箱船的爆炸场景①

由于物理爆炸和核爆炸的产生原理不同于化学爆炸,所以防止爆炸的方法也不相同。如乙炔分解爆炸的临界压力是 0.14 MPa,在这个压力以下贮存乙炔就不会发生分解爆炸。

(三)爆炸极限

1.爆炸极限的介绍

船舶上发生的爆炸多为气体爆炸或粉尘爆炸。

可燃气体(包括蒸气)或可燃性粉尘与空气按一定比例均匀混合,而后点燃,这时气体或粉尘的燃烧速度有可能达到爆炸的程度。这种气体或粉尘与空气的混合物称为爆炸性混合物。

可燃气体或蒸气与空气的混合物并不是在任何组成下都可以燃烧或爆炸的。

———————————

① 图片来自网络。

可燃气体、蒸气、粉尘等与空气混合的混合物必须在一定的浓度范围内,遇到火源才能发生爆炸,这个浓度称为爆炸极限,其最低值叫爆炸下限,最高值叫爆炸上限。爆炸极限一般用可燃气体或蒸气在混合气体中的体积百分数表示,有时也用单位体积可燃气体的质量表示。

若可燃气体或蒸气与空气的混合物的浓度在爆炸下限以下或爆炸上限以上,便不会着火或爆炸;但若混合物的浓度比爆炸上限大很多,重新遇空气仍有爆炸危险。在空气中部分可燃气体和蒸气的爆炸极限如表 2-2-4 所示。

表 2-2-4　在空气中部分可燃气体和蒸气的爆炸极限

物质名称	爆炸下限（%）	爆炸上限（%）	物质名称	爆炸下限（%）	爆炸上限（%）
氢气	4.0	75.0	乙烯	2.75	34.0
乙炔	2.5	82.0	丙烯	2.0	11.0
甲烷	5.0	15.0	氨	15.0	28.0
乙烷	3.0	12.45	环丙烷	2.4	10.4
丙烷	2.1	9.5	一氧化碳	12.5	74.0
乙醚	1.9	40.0	丁烷	1.5	8.5

每一种气体混合物爆炸都有一个起爆的最小点火能量,低于该能量,混合物就不会爆炸。掌握各种气体混合物爆炸所需要的最小点火能量,对有爆炸危险的场所判断哪种火源能引起爆炸事故具有重要的意义。

2. 影响爆炸极限的因素

同一种可燃气体和液体蒸气的爆炸极限会受温度、压力、含氧量、容器的体积以及热源能量等因素影响。

（1）温度:初始温度升高,则爆炸下限会降低,爆炸上限会增高,爆炸极限会扩大,爆炸的危险性就会增加。初始温度对混合物爆炸极限的影响如表 2-2-5 所示。

表 2-2-5　初始温度对混合物爆炸极限的影响

物质	初始温度/℃	爆炸下限（%）	爆炸上限（%）
煤气	20	6.0	13.4
	100	5.45	13.5
	200	5.05	13.8
	300	4.40	14.25
	400	4.0	14.7
	500	3.65	15.35
	600	3.35	16.4
	700	3.25	18.7

（续表）

物质	初始温度/℃	爆炸下限（%）	爆炸上限（%）
	0	4.2	8
丙酮	50	4.0	9.8
	100	3.2	10.0

（2）压力：混合气体在压力条件下的爆炸下限无明显变化，但爆炸上限一般都会有明显提高。当混合气体的原始压力减小时，爆炸极限的范围将缩小，当压力降低到某一数值时，爆炸上限和爆炸下限会合成一点，压力再降低，就不会发生爆炸。这一最低压力就称为爆炸的临界压力。初始压力对甲烷爆炸极限的影响如表 2-2-6 所示。

表 2-2-6   初始压力对甲烷爆炸极限的影响

物质	初始压力/MPa	爆炸下限（%）	爆炸上限（%）
	0.101 3	5.6	14.3
甲烷	1.101 3	5.9	17.2
	5.065	5.4	29.4
	12.66	5.7	45.7

（3）含氧量：混合气体中含氧量增加，爆炸极限范围就会扩大。如掺入氮或二氧化碳等不燃的惰性气体，混合气体中氧浓度降低，爆炸的危险性就会降低。油船货舱充灌惰性气体，就是利用此原理防止爆炸。

（4）容器的体积：容器的直径越小，火焰在其中的蔓延速度越慢，爆炸极限范围也越小。燃烧是自由基进行一系列链锁反应的结果。只有自由基的产生数大于消失数时，燃烧才能继续进行。随着管道直径的减小，自由基与器壁碰撞的概率增加，有碍新自由基的产生。当管道直径小到一定程度时，自由基的消失数大于产生数，燃烧便不能继续进行。

（5）热源能量：若火源强度高，热表面积大，且与混合气体接触时间长，就会使爆炸极限范围扩大，使爆炸危险性增加。热源能量对爆炸极限的影响如表 2-2-7 所示。

表 2-2-7   热源能量对爆炸极限的影响

热源（电火花）能量		甲烷爆炸极限
电流/A	电压/V	
1		0
2	100	5.9%～13.6%
3		5.85%～14.8%

第三节　火的蔓延

在一般情况下,火灾是一个从无到有,从发生、发展直至熄灭的过程,这个过程在不同的环境和条件下会呈现不同的特点。本节主要介绍火的蔓延机理、火灾的发展过程,从而有针对性地对火灾的蔓延加以控制。

一、火的蔓延机理

火的蔓延是一个复杂的过程,这中间起主要作用的是热量传递。除了热量传递外,还有物质的运输,燃烧产物、燃料和氧化剂不断地离开燃烧区,又产生新的燃烧区,造成火的范围变大,温度升高,燃烧速度变快,进而不断蔓延扩大。

在船舶生产营运过程当中,可燃物和助燃物(氧气)是时刻存在的,从这两个方面入手,控制火灾难度非常大,而且效果不好,控制火源(热量)是最容易成功也是最有效的预防和限制火灾的手段。传热学理论认为,热量传递有三种方式:热传导、热对流、热辐射。很多的火灾中,往往会有热传递的两种或三种方式同时起作用,下面我们逐一对这三种方式进行介绍。

1. 热传导

热通过直接接触的物体从温度较高部位,传递到温度较低部位,叫作热传导。热传导的实质是组成物体的分子或原子通过其碰撞或振动,将热量从高温部分传递到低温部分。在火灾的初期阶段,热传导对火灾的蔓延起主要作用。

(1)影响热传导的因素

不同的物质的热传导能力不同。固体是较强的热导体,在固体中又以金属的导热性最强,其次是液体,气体最弱。一般金属的导热性较非金属强,如钢材的导热性是木材的 350 倍,铝的导热性比木材强 1 000 倍。

影响热传导的因素有温度差、材料(导热系数)、导热物体的厚度(距离)和截面积、时间长短等。

船舶上的热传导如图 2-3-1 所示。

(2)热传导与火灾的关系

在热量通过导热物体从一处传到另一处的过程中,有可能引起与其接触的可燃物燃烧。导热系数大的物体(如金属)更易成为火灾发展蔓延的途径。在火灾扑救中,应对被火灾加热的金属物体、管道进行冷却,清除与被加热金属物体相连的可燃物,或用隔热材料将可燃材料与被加热的金属物体隔开。

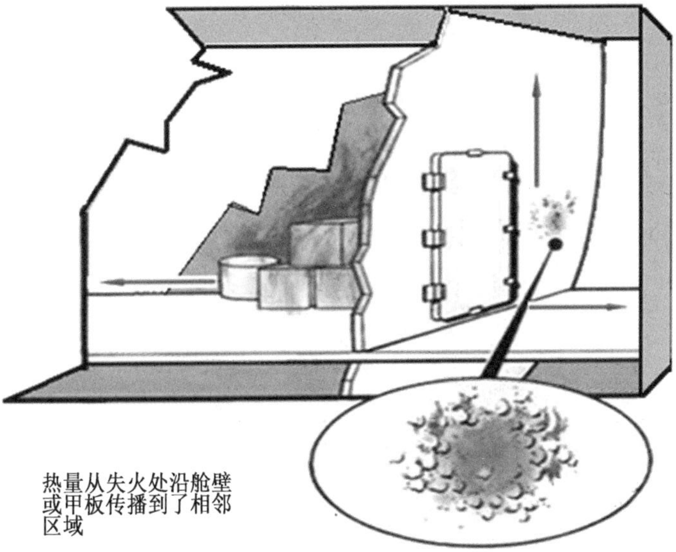

热量从失火处沿舱壁
或甲板传播到了相邻
区域

图中和失火处相邻的舱壁已变色，油漆层也已起泡

图 2-3-1　船舶上的热传导

2. 热对流

热量通过流动介质(液体或气体)将热量由空间中的一处传到另一处的现象叫作对流。在火灾的发展阶段,空气对流起主要作用。

在船上,对流还可分为自然对流和强制对流。自然对流是由于流体各部分的密度不同而引起的,如热设备附近空气受热膨胀向上流动及火灾中热气体(主要是燃烧气态产物)的上升流动,冷(新鲜)空气则与其作相反方向流动。鼓风机、排风机等设备可以使气体、液体强制对流,发生火灾时,如果通风机械还在运行,会加速火势蔓延。

(1) 影响热对流的因素

通风孔洞面积和高度、温度差、通风孔洞所处位置的高度等都会影响热对流。

(2) 热对流与火灾的关系

船舶发生火灾后,烟气流动(对流)的方向通常是火势蔓延的主要方向。一般,500 ℃以上热烟所到之处,可燃物都有可能被引燃,引起新的燃烧。热气流密度比冷空气小,一般多是向上传播,能引起顶部楼板、天花板等可燃物燃烧。遇到水平楼板或顶棚时,烟气改为水平方向继续流动,这就形成了烟气的水平扩散。烟气的水平流动就造成火灾从起火房间蔓延至周边的梯道、走廊。如果高温烟气的温度不降低,那么上层将是高温烟气,而下层是常温空气,形成明显的分离的两个层流流动。实际上,烟气在流动扩散过程中,由于有冷空气掺混及舱壁、顶棚等结构的冷却,温度逐渐下降。逐渐冷却的烟气和冷空气流向燃烧区,形成了室内的自然对流,火越烧越旺。

烟气扩散流动速度与烟气温度和流动方向有关。烟气在水平方向的扩散流动速度较慢,在火灾初期为 $0.1 \sim 0.3$ m/s,在火灾中期为 $0.5 \sim 0.8$ m/s。烟气在垂直方向的扩散流动速度较快,通常为 $1 \sim 5$ m/s。在船舶的楼梯间或管道竖井中,由于烟囱效应①产生抽力,烟气上升流动速度更快,可达 $6 \sim 8$ m/s,有时甚至更快。

船舶上的(烟气)热对流如图 2-3-2 所示。

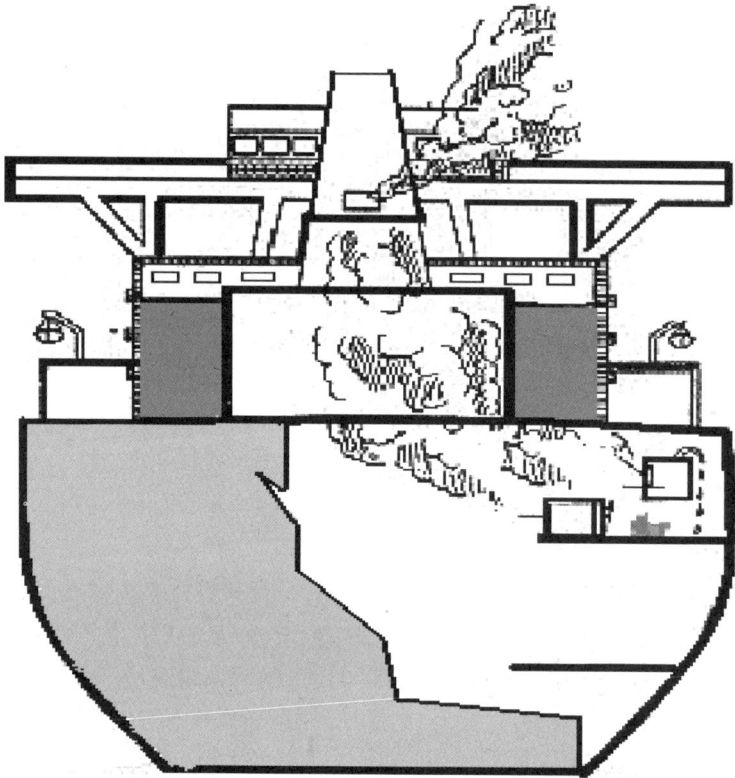

图 2-3-2　船舶上的(烟气)热对流

烟气(燃烧产物)流动的驱动力包括室内外温差引起的烟囱效应、外界风的作用、通风空调系统的影响等。新鲜空气通过上述设备的通风孔、通风口源源不断地流进燃烧区域,供应持续燃烧。

为了防止火势通过热对流发展蔓延,应主要控制通风口开、闭状态或者冷却热气流,以及将热气流导向没有可燃物或火灾危险较小的方向,来防止火灾蔓延。

---

① 当船舶结构内发生火灾后,内部空气因受热而使温度升高,船舶结构内外空气的密度随之发生变化。在火灾的作用下,船舶结构内空气将发生向上运动,船舶结构越高,这种流动趋势越强。这种现象通常被称为烟囱效应。船舶垂向(客船的中庭)结构是发生这种现象的主要场合。在火灾过程中,烟囱效应可影响烟气向上蔓延的速度,也能影响整个防火结构区(主竖区),甚至影响全船。

3. 热辐射

以电磁波形式传递热量的现象,叫作热辐射。这种热辐射是肉眼看不见的,但我们可以感受到它的存在及其强度的大小。任何物体(气体、液体、固体)都能把热量以电磁波的形式辐射出去,同时也能吸收别的物体辐射出来的热能。热辐射不需要通过任何介质,在真空状态下都可以进行辐射。当有两个不同温度的物体并存时,温度较高的物体将向温度较低的物体辐射热能,直到两个物体温度渐趋平衡。

船舶货舱的热辐射如图 2-3-3 所示。

图 2-3-3 船舶货舱的热辐射

当火灾处于猛烈燃烧阶段,火场温度较高,辐射成为热传递的主要形式。热辐射的热量和火灾温度的四次方成正比(即燃烧物温度越高,辐射强度越大)。被辐射物体的受热量与它和辐射源的距离的平方成反比(即距离近,受热多;距离远,受热少)。为了减弱受到的辐射热量,可增大受辐射物体与辐射源的距离和夹角。灭火人员使用水枪灭火时,要选择适当的角度,以减少辐射热的影响。灭火时,可利用移动式屏障或水枪喷射的水幕,遮蔽或减少辐射热。在船舶消防行动中,需要对受到辐射热影响的船舶结构进行冷却,降低其温度,防止火灾蔓延扩大,或者防止火灾对船舶结构造成进一步的破坏。

上面根据热量传递的三种方式,解释了火灾传播的过程。实际上,火灾蔓延还有一种途径,就是火焰延烧(直接燃烧)。直接燃烧是可燃材料释放(挥发、蒸发、热解等)足够的可燃气体,并在明火作用下的燃烧方式。

二、火灾的发展过程

(一)室内火灾的发展过程

1. 火灾初起阶段

火灾初起时,明火焰的规模和燃烧面积非常小;燃烧仅限于着火点处的可燃物;室内各点的温度不平衡,局部温度较高;燃烧过程不稳定;可燃物的燃烧受到自身性能、室内位置和舱室的通风、散热等条件的影响。随着燃烧的发展,燃烧产物中会有水汽、二氧化碳,还有少量的一氧化碳和其他气体,此时已经有明显的热量散发,火焰附近的温度可能会在 500 ℃ 以上,平均室温略有升高。这一阶段火势发展的快慢随着引起火灾的火源、可燃物的特点不同而呈现不同的趋势。

室内火灾的初期如图 2-3-4 所示。

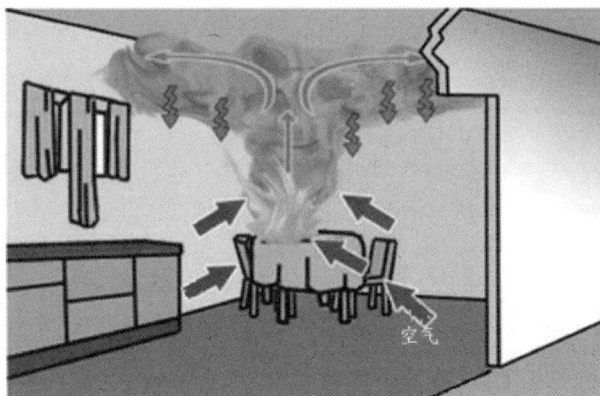

图 2-3-4　室内火灾的初期

2. 火灾发展阶段

火灾发展阶段也称为自由燃烧阶段。在这个阶段辐射热急剧增加,辐射面积增大,燃烧会扩大到整个室内,周围环境温度逐步上升,物质分解生成烟和毒性气体,并随热气流上升到舱室顶部;高温的烟粒子向四周辐射热量,引起室内可燃物热分解,产生大量可燃气体。舱室内的上层气温达 400~600 ℃,即发生轰燃,火灾达到全面发展阶段。轰燃是指某一空间内,所有可燃物的表面全部卷入燃烧的瞬变过程。室内火灾的发展如图 2-3-5 所示。

图 2-3-5　室内火灾的发展

3.火灾全面燃烧阶段

轰燃发生后,室内可燃物出现全面燃烧,可燃物热辐射热量的速度急剧增加,室温迅速上升,并出现持续高温。整个火场处于高温状态。火焰包围所有可燃物,燃烧速度最快,环境温度明显上升,温度可达700 ℃以上。之后,火焰和高温烟气在火、风、压的作用下,从房间的门窗、孔洞等处大量涌出,沿走廊、舱室顶部迅速向水平方向蔓延扩散。同时,由于烟囱效应的作用,火势会通过竖向楼梯及管道竖井空间等向上蔓延。室内火灾的全面燃烧如图 2-3-6 所示。

烟气循环

图 2-3-6 室内火灾的全面燃烧

4.火灾减弱阶段

随着燃烧的不断进行,可燃物的数量也逐渐减少。如果通风不良,有限空间内的氧气被渐渐消耗,则可燃物不再发出火焰,已燃烧的可燃物呈阴燃[①]状态,室内温度降至 500 ℃左右。但是,这样的高温仍能使可燃物分解出较轻的气体,如氢气、甲烷等。这时,如进行不合理的通风,突然引入较多的新鲜空气,则仍有发生爆燃的危险。室内火灾的发展过程如图 2-3-7 所示。

(二)室外火灾的发展过程

室外火灾一般无明显的阶段之分。室外火灾由于氧气充足,起火后很快便会发展到猛烈阶段。当可燃物燃尽时,火灾迅速进入减弱阶段。

---

① 阴燃是指无可见的缓慢燃烧,通常产生烟气和温度升高的现象。

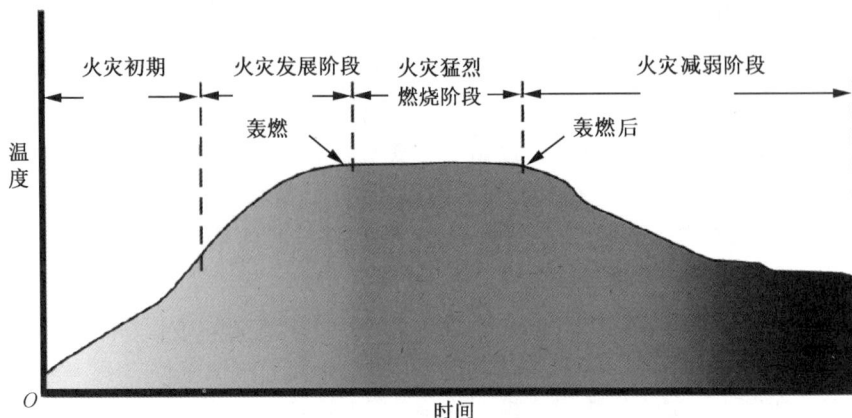

火灾初期　火灾发展阶段　火灾猛烈燃烧阶段　火灾减弱阶段

轰燃　　　　轰燃后

温度

时间

O

图 2-3-7　室内火灾的发展过程

第四节　火灾的分类及特点

火灾是指在时间或空间上失去控制的燃烧。不同的物质具有不同的物理特性和化学特性,燃烧所表现出来的特征也是不同的。要迅速扑灭具有不同特点的火灾,首先要了解它们的特点,再采取相应的灭火方法,使用最有效的灭火剂。

一、火灾的种类及特点

根据可燃物的类型和燃烧特性,我国国标《火灾分类》(GB/T 4968—2008)将火灾分成 A、B、C、D、E、F 六类。

(一)A 类火灾

它是指固体物质火灾。燃烧的物质通常具有有机物的性质,一般在燃烧时能产生灼热的余烬。A 类火灾包括木材、煤、棉、毛、麻、纸张等火灾。常见可燃固体如图 2-4-1 所示。

这类火灾中,固体有机物居多。船上常见的可引起 A 类火的物质有木材和木制品、纺织品和纤维、塑料和橡胶等。这类火灾的特点是,火不仅在可燃固体表面燃烧,而且能深入可燃固体内部。灭火时,如果只将其表面火灾熄灭,而内部余热未充分处理,并超过该可燃固体的燃点时,火灾还会在一段时间后复燃。扑救 A 类火灾时最合适的灭火剂是水。

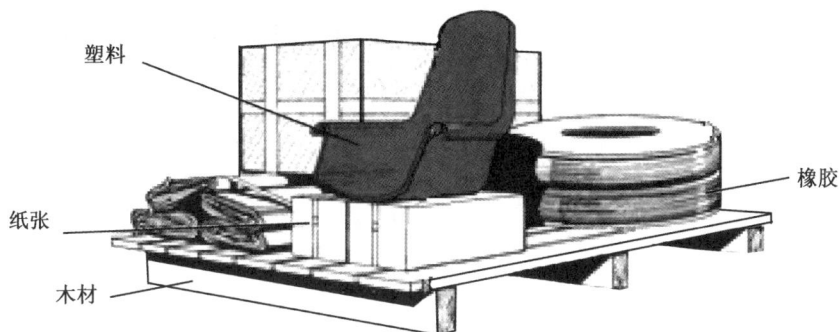

图 2-4-1　常见可燃固体

（二）B 类火灾

它是指液体或可熔化的固体物质火灾。B 类火灾包括煤油、柴油、原油、甲醇、乙醇、沥青、石蜡等火灾。

B 类火灾的燃烧特点是,火只限于表面燃烧,但是燃烧速度很快,温度很高,有爆炸危险。扑救 B 类火灾时最合适的灭火剂就是泡沫灭火剂。常见可燃液体如图 2-4-2 所示。

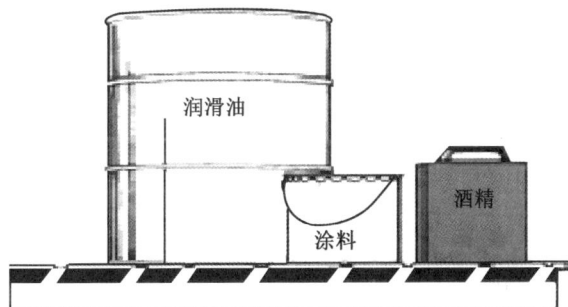

图 2-4-2　常见可燃液体

（三）C 类火灾

它是指气体火灾。C 类火灾包括天然气、甲烷、乙烷、丙烷、氢气等火灾。常见可燃气体如图 2-4-3 所示。

这类火灾的特点是燃烧速度更快,温度更高,爆炸危险更大。扑救 C 类火灾时较为适宜的灭火剂为干粉灭火剂。

（四）D 类火灾

它是指金属火灾。D 类火灾包括钾、钠、镁、铝镁合金等火灾。可燃金属燃烧引起的火灾之所以从 A 类火灾中分离出来,单独作为 D 类火灾,是因为这些金属燃烧时,燃烧热很大,为普通燃料的 5~20 倍,火焰温度很高,有的甚至达到 3 000 ℃以上,

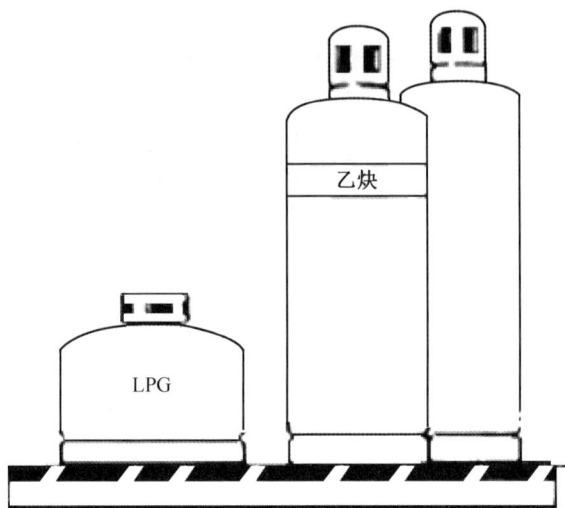

图 2-4-3　常见可燃气体

并且在高温下金属性质特别活泼,能与水、二氧化碳、氮、卤素及含卤化合物发生化学反应。常用灭火剂对其完全失去灭火作用,必须使用特殊金属干粉灭火剂。可燃金属如图 2-4-4 所示。

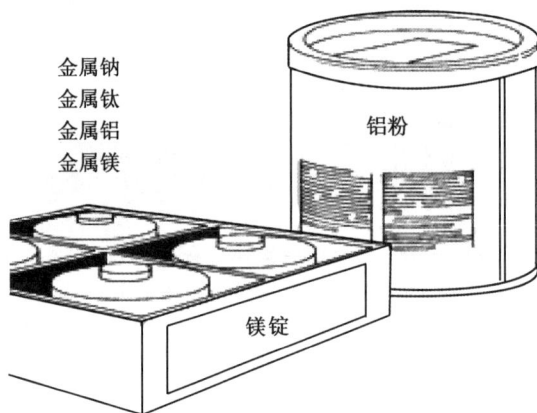

图 2-4-4　可燃金属

(五)E 类火灾

它是指带电火灾,即带电物体燃烧的火灾。此类火灾并不适合按照燃烧物类别进行相应分类。扑灭这类火灾的原则是:首先切断电源,断电后的电气火灾可作为 A 类火灾扑救;如果一时无法断电,应采用不导电的干粉或二氧化碳等灭火剂进行扑救。配电箱如图 2-4-5 所示。

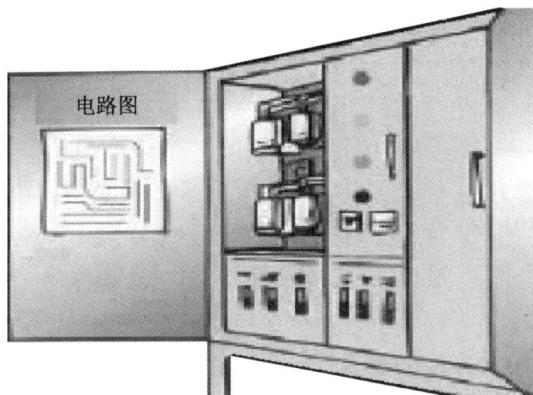

图 2-4-5 配电箱

(六)F 类火灾

它是指烹饪器具内的烹饪物(如动、植物油脂)火灾。F 类火灾多为食用油发生火灾。烹饪油火灾如图 2-4-6 所示。

图 2-4-6 烹饪油火灾

食用油火灾的特点如下:

(1)食用油自燃温度较高,一般为 350~380 ℃,在烹饪中一旦温度失控就会产生火灾。

(2)食用油火灾易复燃。食用油一旦发生火灾,其燃烧速度较其他可燃液体燃烧更快,2 min 后油面温度可达 400 ℃。食用油在温度超过 350 ℃时会发生化学反应,生成自燃温度为 65 ℃的可燃物。大量的试验证明,只有温度降低到 33 ℃以下时,食用油才不会发生复燃。

二、火灾分类的拓展

以上为按照我国国标对火灾进行分类的方法。除此之外,国际标准委员会(ISO)、国际海事组织及美国消防协会(National Fire Protection Association,NFPA)也有不同的分类方法,欧盟标准委员会对火灾的分类与 ISO 较为一致。国际常用的火灾分类如表 2-4-1 所示。

表 2-4-1　国际常用的火灾分类

GB/T 4968—2008	ISO 3941:2007/ IMO A951(23)	美国消防协会 [NFPA 10（2010Edit）]
A 类火灾:固体物质火灾。燃烧的物质通常具有有机物的性质,一般在燃烧时能产生灼热的余烬	A 级:固体材料引起的火灾,通常是有机性质的材料,由炽热的余火引起燃烧	A 级:一般易燃材料,如木头、布料、纸类、橡胶和多种塑料引起的火灾
B 类火灾:液体或可熔化的固体物质火灾	B 级:液体或液化固体引起的火灾	B 级:可燃液体、油脂、柏油、油类,油基涂料、溶剂、油漆,酒精和可燃气体引起的火灾
C 类火灾:气体火灾	C 级:气体引起的火灾	
D 类火灾:金属火灾	D 级:金属引起的火灾	D 级:可燃金属,如镁、钛、锆、钠、锂、钾引起的火灾
E 类火灾:带电火灾,即带电物体燃烧的火灾		C 级:通电的电气设备引起的火灾
F 类火灾:烹饪器具内的烹饪物（如动、植物油脂）火灾	F 级:烹饪油类引起的火灾	K 级:烹饪设备内的可燃食材(动、植物油类和脂肪)引起的火灾

第五节　灭火剂的种类及特点

在燃烧过程中,能有效地破坏燃烧条件,终止燃烧的物质称为灭火剂。常用的灭火剂有水、二氧化碳、干粉、泡沫等。

一、水

（一）灭火原理

1. 水的冷却作用

冷却是水的主要灭火作用。水的比热容和汽化潜热很大:比热容为 $4.18\ kJ/(kg \cdot ℃)$,汽化潜热为 2 259 kJ。若将 1 kg 常温下的水(20 ℃)喷洒到火源处,使水温升至 100 ℃,则能吸收 335 kJ 的热量,若再将其汽化,变成 100 ℃的水蒸气,又能吸收 2 259 kJ 的热量。因此当水与炽热的燃烧物接触时,在被加热和汽化的过程中,就会大量吸收燃烧物的热量,迫使燃烧物的温度大大降低而最终停止燃烧。

2. 水蒸气的窒息作用

水遇到炽热的燃烧物后会汽化而产生大量的水蒸气。1 kg 水汽化后可生成 1 700 L 水蒸气。水变成水蒸气后,体积急剧增大。大量水蒸气的产生将排挤和阻止空气进入燃烧区,从而降低了燃烧区内氧气的含量。试验表明,当空气中的水蒸气体积含量达 35% 时,大多数燃烧就会停止。1 kg 水在变成水蒸气时的抑制空间可达 5 m³,有良好的窒息灭火作用。水汽化后体积变化数(倍数)如表 2-5-1 所示。

表 2-5-1 水汽化后体积变化数(倍数)

温度/℃	100	200	300	400	500	600	800
体积变化	1 700	2 060	2 520	2 980	3 440	3 900	4 900

3. 水对某些可燃固体具有浸润作用

对于可浸润可燃固体,由于固体表面黏附并渗透了大量的水,使燃烧固体表面的含水量大为增加,这就直接加强了水的冷却作用,提高了固体燃烧的难度。

4. 水对水溶性可燃液体的稀释作用

对于水溶性液体火灾,水的稀释作用可以表现在两个方面:首先,水与可燃液体混合,可降低可燃液体的浓度,因而降低了可燃气体的蒸发速度和燃烧区内可燃气体的浓度,使其燃烧强度减弱;其次,当水溶性可燃液体被水稀释到可燃浓度以下时,燃烧即自行停止。

水的稀释灭火作用仅适用于容器中贮有少量水溶性可燃液体的火灾。在扑灭有大量水溶性可燃液体的火灾时要慎重使用水。

5. 水对不溶于水的可燃液体具有乳化作用

当水呈雾状,并以一定的速度喷向黏性的非水溶性可燃液体表面时,雾状水流的冲击作用在可燃液体表面形成相对稳定的乳化层。可燃液体表面覆盖了这一层乳化物,就可减少可燃液体的蒸发量,可燃液体就难以燃烧。乳化作用适于用喷雾水扑救黏度较大的油品火灾,如重油的火灾。

6. 水的冲击作用

在船舶消防泵的作用下,直流水枪射出的密集水流具有强大的冲击力和动能。用其强烈地冲击燃烧物和火焰,可以冲散燃烧物,使其燃烧强度显著减弱,也可以冲断火焰,使之熄灭。

(二)适用对象

(1)对于一般固体物质火灾(如木材、纸张、粮草、棉麻等火灾),可以直接扑救。由于直流水能够冲击、渗透到可燃物的内部,可用来控制物质的深位(阴燃)火灾。

（2）对于可燃液体火灾（B类火）。用水扑救时应注意：对非水溶性可燃液体火灾，当可燃液体的密度比水大，闪点比较高时，可用水来扑救；对于闪点较低的B类火灾，建议用水冷却周边的舱壁和甲板，不宜用水直接扑救。

（3）对于可燃气体火灾（C类火），不能用水直接扑救，只可用水从外围冷却周边的舱壁和甲板。

（4）对于金属火灾（D类火），不能用水直接扑救。

（5）没有良好接地的设施或没有切断电源的带电设备火灾一般不能用直流水来扑救。

（6）水不能扑救烹饪火灾（F类火）。

（三）使用注意事项

（1）橡胶、褐煤等货物的火灾不宜用直流水直接扑救。由于水不能浸透或者很难浸透燃烧介质，因而灭火效率很低。

（2）不能用直流水直接扑救可燃粉尘（面粉、铝粉、糖粉、煤粉、锌粉等）聚集处的火灾。因为沉积粉尘被水流冲击后，悬浮在空气中，容易与空气形成爆炸性混合物。

（3）储存有大量浓硫酸、浓硝酸的场所发生火灾时，不能用直流水扑救。因为水与酸液接触会引起发热飞溅。

（4）轻于水且不溶于水的可燃液体火灾不能用直流水扑救。当用水扑救比水轻的可燃液体火灾时，由于它可漂浮在水面上随水流散，可能会助长火势扩大，促使火灾蔓延，给灭火工作带来更大的困难。但是在紧急情况下，水仍能控制和扑灭此火灾（例如使用喷雾水）。

（5）不能用水扑救碳化钙（电石）的火灾，因为碳化钙遇水会生成易燃气体乙炔，放热、易爆炸。

（6）扑救金属化合物火灾时，一定要确认是否可以用水进行扑救。

（7）绝对不允许用海水扑救带电设备火灾。

二、二氧化碳

二氧化碳是一种稳定的化合物，是一种本身既不燃烧，也不助燃，无色无味的惰性气体。它与空气的密度比约为1.5∶1，比空气重。二氧化碳灭火时，不腐蚀金属，不损伤机械和货物，对电气设备绝缘，没有破坏作用。一般空气中含有30%~40%的二氧化碳气体时，物质就不能燃烧。其灭火有效容积为其液态的1 000~1 300倍，二氧化碳气体有较强的浸透性和扩散性，充满失火处所时，可以稀释氧气，达到窒息灭火的目的。

二氧化碳灭火剂还有一个特点——易于制取和保存。该特点使得二氧化碳成为广泛使用的灭火剂。当将二氧化碳在常压下降温、加压时，二氧化碳就可以成为液体。在一个标准大气压下，当温度超过31.2 ℃时，二氧化碳就无法转变成液态了。当温度低于31.2 ℃时，二氧化碳的液化压力随温度降低而降低。二氧化碳在船上存放时,环境温度升高,但是瓶内压力并不相应增加,所以,二氧化碳以气、液两相存在。二氧化碳温度、压力和状态如表 2-5-2 所示。

表 2-5-2　二氧化碳温度、压力和状态

温度/℃	0	10	20	30	31.2
压力/MPa	3.6	4.5	5.0	7.0	7.38
状态	液压				气态

(一)灭火作用

1.二氧化碳的窒息作用

二氧化碳在灭火时主要利用窒息作用。当把二氧化碳施放到失火舱室后,二氧化碳迅速汽化,稀释燃烧区的空气,使空气中的氧气含量减少;当燃烧区空气中的含氧量低于维持物质燃烧所需的极限氧含量时,物质的燃烧就会熄灭。1 kg 的二氧化碳液体在常温常压下能生成大约 $0.5\ m^3$ 的二氧化碳气体。

2.二氧化碳的冷却作用

二氧化碳在灭火时还有冷却作用。当二氧化碳从钢瓶中被释放出来,由液体迅速膨胀为气体时,会产生一个冷冻效果,致使部分二氧化碳转变为固态的干冰。干冰在迅速汽化的过程中要从火焰和周围环境吸热。干冰的温度为 $-79\ ℃$,相变潜热为 577 kJ/kg。由于只有部分液体转变为干冰,加之干冰的相变潜热较小(水的汽化潜热为 2 259 kJ/kg)所以二氧化碳的冷却作用是很小的,在灭火中不起主导作用。

(二)适用对象

(1)二氧化碳可用于扑救普通固体火灾。

(2)二氧化碳可用以扑救可燃液体火灾。

(3)二氧化碳虽然可用于扑救初期的可燃气体火灾,但灭火效果较差,一般不用。

(4)二氧化碳适用于扑救带电设备的初期火灾。灭火时,二氧化碳不会对火场的环境造成污染,不会腐蚀设备和贵重物品,灭火后不留痕迹,特别适用于扑救那些易受到水、泡沫、干粉等灭火剂损坏的物质火灾。

(三)使用注意事项

(1)利用二氧化碳扑救普通固体火灾,由于其不能渗透到可燃固体内部,所以无法对可燃固体内部的阴燃火灾起作用。因此利用二氧化碳扑救可燃固体火灾时,必须尽快喷水才能见效。

(2)利用二氧化碳扑救可燃液体火灾时,需要注意不能将二氧化碳直接喷射到液体表面,以免冲击液面,造成火灾蔓延。

(3)自己能供氧的化学药品火灾,如硝酸纤维、火药等,不能用二氧化碳扑救。

(4)活泼金属及其氢化物的火灾,如锂、钠、钾、镁、铝等,不能用二氧化碳扑救。

（5）能自行分解的化学物质火灾，如某些过氧化物等，不能用二氧化碳扑救。

（6）纤维物内部的阴燃火灾，不能用二氧化碳扑救。

（7）液态二氧化碳与人体接触时，由于迅速汽化吸热，有可能对皮肤造成冷灼伤。

三、干粉

干粉灭火剂由基料和添加剂组成。基料含量一般占总质量的 90% 以上；添加剂是用来改善基料的物理性能的，其含量一般在 10% 以下。干粉灭火剂的基料主要是一些无机盐。不同品种的干粉灭火剂有不同的基料。常用的基料有碳酸氢钠、碳酸氢钾、碳酸钠、氯化钾、氯化钠、氯化钡、硫酸钾、硫酸铵和磷酸铵盐等。干粉灭火剂添加剂包括润滑剂（硬脂酸镁、云母粉、滑石粉等）、少量防潮剂（硅胶）。干粉是一种干燥的、易于流动和飘散的微细固体粉末，起主要灭火作用的是基料。干粉灭火剂的主要成分和特性如图 2-5-1 所示。

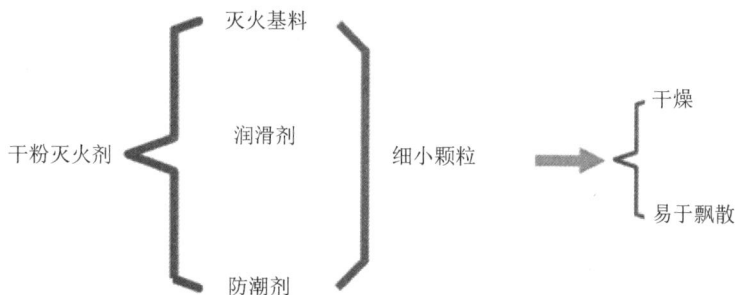

图 2-5-1　干粉灭火剂的主要成分和特性

（一）分类

1. 普通干粉灭火剂

这类灭火剂可扑救 B 类、C 类火灾，因而又称为 BC 干粉灭火剂。属于这类的干粉灭火剂有：

（1）以碳酸氢钠为基料的钠盐干粉（小苏打干粉）灭火剂；

（2）以碳酸氢钾为基料的紫钾干粉灭火剂；

（3）以氯化钾为基料的超级钾盐干粉灭火剂；

（4）以硫酸钾为基料的钾盐干粉灭火剂；

（5）以碳酸氢钠和钾盐为基料的混合型干粉灭火剂；

（6）以尿素和碳酸氢钠（碳酸氢钾）的反应物为基料的氨基干粉［毛耐克斯（Monnex）干粉］灭火剂。

2. 多用途干粉灭火剂

多用途干粉灭火剂适用的火灾类型如图 2-5-2 所示。

多用途干粉灭火剂适用的火灾类型 $\begin{cases} A类火灾(固体物质火灾) \\ B类火灾(液体火灾) \\ C类火灾(气体火灾) \\ E类火灾(带电设备火灾) \end{cases}$

图2-5-2 多用途干粉灭火剂适用的火灾类型

这类灭火剂可扑救 A 类、B 类、C 类火灾,因而又称为 ABC 干粉灭火剂,有时也被称为通用干粉灭火剂。如果不考虑后续损失的话,通用干粉灭火剂也可扑救带电设备火灾。属于这类的干粉灭火剂有:

(1)以磷酸盐为基料的干粉灭火剂;

(2)以磷酸铵和硫酸铵混合物为基料的干粉灭火剂;

(3)以聚磷酸铵为基料的干粉灭火剂。

3.金属干粉灭火剂

这类灭火剂可扑救钾、钠、镁、钛、锆、锂、铝镁合金等各种形态的活泼(轻)金属燃烧的火灾,所以又被称为 D 类干粉灭火剂。由于轻金属的燃烧特性不同,D 类干粉灭火剂也具有几种不同的类型。金属干粉灭火剂包括普通金属干粉灭火剂和专用金属干粉灭火剂

普通金属干粉灭火剂一般使用氯化钠基粉末,或者经过钝化处理的石墨基粉末,并用氩气驱动。上述灭火剂可以扑救钾、钠、镁、钛、锆、铝镁合金等活泼(轻)金属燃烧的火灾。如果是金属锂粉末发生火灾,可以使用精细铜粉灭火剂扑救。其原理是通过排除氧气来窒息灭火。

特殊金属干粉灭火剂一般被称为 7150 金属干粉灭火剂。国内的 7150 金属干粉灭火剂是以硼酸三甲酯与硼酐为原料制成的。7150 金属干粉是一种无色透明的液体,喷射到失火金属上后,马上就会起化学反应,很快耗尽金属表面附近的氧。反应后所形成的硼酐在金属燃烧的温度下熔化成玻璃状的液体,流散在金属表面的隙缝中,形成了硼酐层。这种薄膜使金属与大气隔绝,达到窒息灭火的目的。

(二)灭火作用

1.干粉的遮断热辐射(隔离)作用

由于密度比较大,在气流的作用下干粉能覆盖到燃烧物体的表面而不致被气流冲散。使用干粉灭火剂灭火时,浓云般的干粉与火焰相混合后,可以降低残存火焰对燃烧物表面的热辐射。磷酸铵盐等化合物还具有碳化的作用。它可使燃烧的固体表面碳化,碳化层是热的不良导体,可使燃烧过程暂时变得缓慢,使火焰的温度降低。磷酸盐基干粉的碳化原理如图 2-5-3 所示。

2.对燃烧链锁反应的(化学)抑制

干粉主要灭火作用为化学抑制作用。在维持燃烧的链锁反应中,关键的自由基是"H^+""OH^-",它们具有很高的能量,非常活泼,而寿命很短,一经生成,立即引发

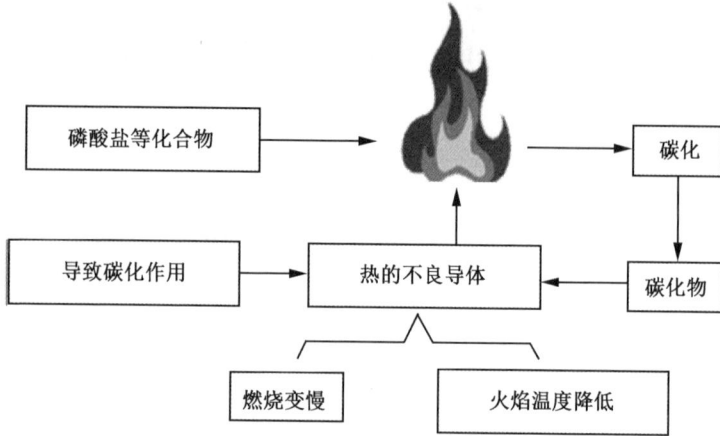

图 2-5-3 磷酸盐基干粉的碳化原理

下一步反应,生成更多的自由基,使燃烧过程得以延续且不断扩大。当干粉进入燃烧区域与火焰接触时,可以捕获大量的"H⁺""OH⁻",使得这些自由基被瞬时吸附在粉末表面。大量的干粉喷入燃烧区,"H⁺""OH⁻"会被很快地耗尽,燃烧的链锁反应被终止,火焰即告熄灭。

干粉的化学中断作用如图 2-5-4 所示。

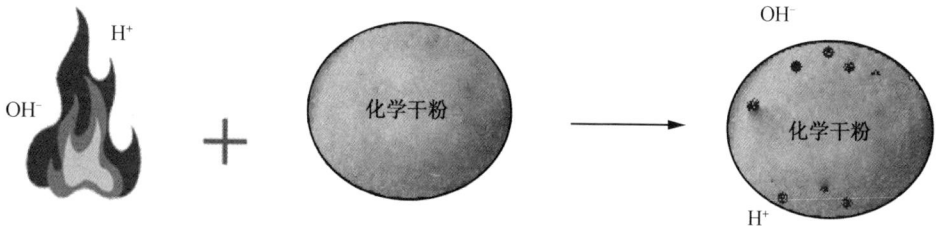

图 2-5-4 干粉的化学中断作用

3. 烧爆现象

干粉受到高温作用,能爆裂成许多更小的微粒。这样干粉与火焰的接触面积急剧增大,增强了干粉的灭火效果。

(三)适用对象

干粉灭火剂适于扑救下述火灾:

(1)多用途干粉灭火剂可用于扑救普通固体物质火灾(A 类火),如木材、纸张、纤维织物等的火灾,可燃液体火灾和可燃气体火灾。

(2)多用途干粉灭火剂和 BC 干粉灭火剂可用于扑救可燃液体火灾(B 类火)。

(3)多用途干粉灭火剂和 BC 干粉灭火剂可用于扑救可燃气体火灾(C 类火)。

(4)对多数船舶用电设备火灾,可用干粉灭火剂直接扑救而不会发生电击危险。

(四)使用注意事项

干粉灭火剂不宜扑救以下火灾:

(1)燃烧时能够自身供氧或施放氧的化合物的火灾,如硝酸纤维、过氧化物等的火灾。

(2)普通干粉和多用途干粉灭火剂不能扑救金属火灾,如钾、钠、镁、钛、锌等的火灾。

(3)精密仪器设备和贵重电气设备的火灾。因为被干粉喷射后,设备虽得以保护,但残存的干粉很难清除干净,会使设备丧失精度或被腐蚀。

干粉灭火剂只能扑救普通固体的表面火灾,不能控制扑救普通固体物质的内部火灾。

四、泡沫

泡沫灭火剂是指凡能够与水混溶,并可通过化学反应或机械方法产生灭火泡沫的灭火药剂。泡沫是一种体积较小,表面被液体所包围的气泡群。火场中所使用的灭火泡沫是由泡沫灭火剂的水溶液,通过物理、化学作用,填充大量气体(二氧化碳或者空气)后形成的。

(一)分类

按照生成的方式,泡沫可分为化学泡沫和机械泡沫。

船舶上的手提式灭火器曾广泛使用化学泡沫。但是由于化学泡沫的灭火效果较差,所以现在很多船上已不再使用。

空气泡沫是通过空气泡沫灭火剂的水溶液与空气在泡沫产生器中进行机械混合、搅拌而产生的,泡沫中所包含的气体一般为空气。由于空气泡沫是靠机械混合作用形成的,所以空气泡沫有时也称机械泡沫。空气泡沫如图2-5-5所示。

图2-5-5 空气泡沫

现代船舶上使用了多种空气泡沫灭火剂,以下介绍空气泡沫灭火剂的种类。

1. 按照发泡倍数分类

发泡倍数是指泡沫灭火剂的水溶液变为泡沫后的体积膨胀倍数。它通常分为高倍、中倍和低倍泡沫。

低倍(低膨胀率)泡沫灭火剂的发泡倍数一般在 20 倍以下;中倍(中膨胀率)泡沫灭火剂的发泡倍数一般在 20~200 倍;高倍(高膨胀率)泡沫灭火剂的发泡倍数一般在 200~1 000 倍。

2. 按用途分类

按照空气泡沫的用途,泡沫灭火剂可分为普通泡沫灭火剂和抗溶性泡沫灭火剂。普通泡沫灭火剂适用于扑救 A 类火灾和 B 类火灾中的非可溶性液体火灾;抗溶性泡沫灭火剂适用于扑救 A 类火灾和 B 类火灾中的可溶性液体火灾。

3. 按其基料的类型进行分类

(1)蛋白泡沫(其代码为 P)。以动物蛋白类物质(蹄、角、猪毛)或植物蛋白类物质(豆皮、菜籽饼)的水分解浓缩液为基料,加入稳定剂、防腐剂和防冻剂等辅料加工而成。蛋白泡沫的优点是稳定性好,析液时间①长,但流动性差,灭火效率低。

蛋白泡沫不能与干粉联用,这是因为干粉中所用的防潮剂(如硅胶)对泡沫有很大的破坏作用,两者一经接触,泡沫层就会被破坏而消失。

(2)氟蛋白泡沫(其代码为 FP)。氟蛋白泡沫灭火剂以蛋白泡沫灭火剂为基料,添加少量的氟碳表面活性剂②配制而成。氟蛋白泡沫灭火剂是国外 20 世纪 60 年代中期发展起来的一种灭火剂,是为克服蛋白泡沫灭火剂的缺点而发展起来的。氟蛋白泡沫灭火剂不仅具有蛋白泡沫的大部分特点(如制造工艺简单、成本低、泡沫稳定、对油面的封闭时间长等),而且氟蛋白泡沫易于流动,有良好的自封闭作用,泡沫层中析出的液体可在油面形成一个抑制油品蒸发的薄膜,因而控火、灭火迅速。氟蛋白泡沫灭火剂可与普通干粉灭火剂联用③。

每百升 YEF3 型氟蛋白泡沫液中含有的成分如表 2-5-3 所示。

---

① 析液时间是指一定质量的泡沫自生成开始到析出混合液的时间。25%析液时间和 50%析液时间(析出 25%和 50%质量的混合液时间)比较常用,析液时间长的灭火剂稳定性好,但是流动性较差,灭火效率也低;析液时间短的灭火剂流动性好,但不够稳定,泡沫容易消失。对于氟蛋白灭火剂,析液时间的技术要求是大于等于 4.0 min,水成膜泡沫灭火剂是大于等于 2.5 min。

② 在蛋白泡沫中加入"6201"预制液,即可成为氟蛋白泡沫灭火剂。"6201"预制液又称 FCS 溶液,是由"6201"氟碳表面活性剂、异丙醇和水按 3∶3∶4 的质量比配制成的水溶液。"6201"氟碳表面活性剂在 6%型和 3%型氟蛋白泡沫液中的质量分数分别为 0.33%和 0.66%。因此,这两种类型的氟蛋白泡沫液,按规定混合比产生的氟蛋白泡沫,其"6201"氟碳表面活性剂的含量均为 0.019 6%(重量百分比)。

③ 氟蛋白泡沫由于氟碳表面活性剂的作用,具有抵抗干粉破坏的能力。氟蛋白泡沫中含有 0.01%的"6201"或 OBS 时,即有明显的抗干粉破坏的能力;当"6201"或 OBS 的含量达到 0.015%~0.02%时,与普通干粉就有良好的联用性。因此,氟蛋白泡沫灭火剂可与各种干粉联用,且均能取得良好的灭火效果。

表 2-5-3 每百升 YEF3 型氟蛋白泡沫液中含有的成分

成分	YE3 型蛋白泡沫液	"6201" 氟碳表面活性剂	异丙醇	CPS 表面活性剂	水
项目	98.28 L	0.45 kg	0.45 kg	0.28 L	0.60 L

由于氟碳表面活性剂的加入改善了蛋白泡沫的流动性、抗油污染性,并且能和干粉灭火剂联合使用,所以氟蛋白泡沫的灭火效率大大优于普通蛋白泡沫。

(3)轻水泡沫。其正式名称为"水成膜泡沫",英文缩写为 AFFF(Aqueous Film Forming Foam)。轻水泡沫的优势表现在其表面张力和界面张力显著降低,产生泡沫所需的能量大大减少;而且流动性好,能够以较薄的泡沫层极快地覆盖油面,并且泡沫层具有极强的自封闭作用,不易被分割破坏。这种灭火剂比氟蛋白泡沫具有更好的流动性、抗油污染性,泡沫和水膜的共同存在,能迅速抑制燃油蒸气的蒸发,并隔绝空气,迅速灭火。

(4)抗溶性泡沫(其代码为 AR)。抗溶性泡沫用于扑救乙醇、丙酮、醋酸乙酯等一般水溶性可燃液体火灾。对于上述可燃物火灾,如果使用普通蛋白泡沫灭火剂,则泡沫层中的水分会被上述水溶性物质吸收。我国于 1976 年研制出金属皂抗醇泡沫灭火剂,这种灭火剂是通过在普通蛋白泡沫中添加有机酸金属络合盐而制成的。

(5)合成泡沫(其代码为 S)。合成泡沫是以一种合成表面活性剂为基料的泡沫灭火剂。由于表面活性剂的作用,合成泡沫的表面张力低、疏油性极强。合成泡沫的主要成分包括碳氢表面活性剂、发泡剂、稳定剂及防腐剂等。在扑救火灾时,其可以封闭燃烧物表面,使其与空气隔绝,同时泡沫中的水蒸发为水蒸气可以降低着火区域中的氧含量,达到灭火目的。

蛋白泡沫灭火、氟蛋白泡沫灭火和水成膜泡沫灭火的比较如图 2-5-6 所示。

(二)灭火作用

1. 泡沫的覆盖作用

泡沫的密度远远小于一般可燃液体的密度,因而泡沫可以漂浮于液体的表面,形成一个泡沫覆盖层。同时,泡沫又具有一定的黏性,可以黏附于一般可燃固体的表面。所以泡沫可在燃烧物表面形成泡沫覆盖层。覆盖层可使空气隔离,并遮断火焰对燃烧物的热辐射,阻止燃烧物的蒸发或热解挥发,使可燃气体难以进入燃烧区。覆盖窒息是泡沫的主要灭火作用。

轻水泡沫的灭火原理如图 2-5-7 所示。

2. 冷却作用

泡沫中含有一定量的水分,泡沫析出的水分对燃烧表面有冷却作用。这些水分在扑救火灾的过程中会被慢慢析出,在一定程度上起到冷却作用。

3. 稀释作用

泡沫中的水分受热汽化产生的水蒸气有降低燃烧区内氧气浓度的作用。

空气泡沫枪

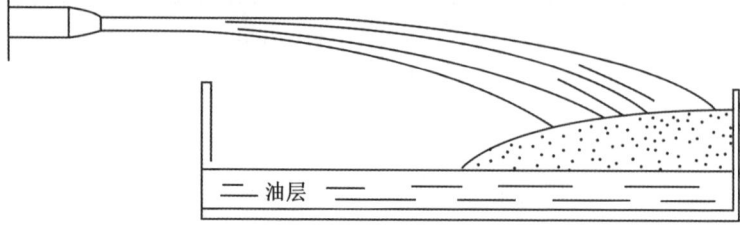

蛋白泡沫灭火

油层

蛋白泡沫灭火

空气泡沫枪

油层

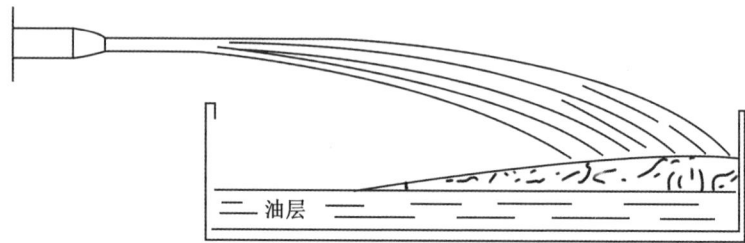

氟蛋白泡沫灭火

空气泡沫枪

油层

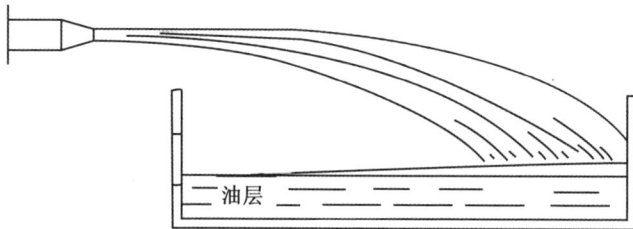

水成膜泡沫灭火

图 2-5-6　蛋白泡沫灭火、氟蛋白泡沫灭火和水成膜泡沫灭火的比较

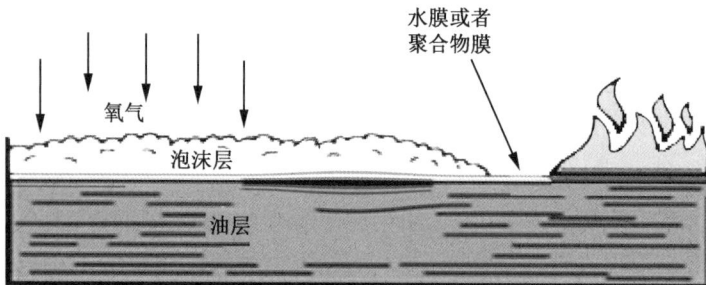

水膜或者
聚合物膜

氧气

泡沫层

油层

图 2-5-7　轻水泡沫的灭火原理

(三)适用对象

(1)泡沫可以控制普通固体火灾(A 类火),例如木材、纸张、粮草、棉麻等的火灾。

(2)泡沫适用于扑救可燃液体火灾(B 类火)。对于非水溶性可燃液体火灾,普通泡沫可以扑救;对于可溶性可燃液体火灾,只能用抗溶性泡沫扑救。

(3)泡沫不可用于扑救带压可燃气体火灾(C 类火),但是可用于扑救非带压可燃气体火灾。

(4)泡沫不可用于扑救碱性金属火灾(D 类火)。

(5)泡沫不可用于扑救带电设备火灾。

(四)使用注意事项

(1)使用泡沫灭火剂时,不能同时使用水;

(2)扑救普通固体火灾时,要和水配合使用来扑救普通固体内部的火灾。

五、其他新型灭火剂

现在国际上开始使用新型环保灭火剂。常见的新型灭火剂为七氟丙烷(HFC-227ea/FM200)。七氟丙烷(HFC-227ea/FM200)是一种不消耗臭氧的环境友好型卤代烷灭火剂替代品。其通过化学中断和冷却联合作用灭火。在正常情况下,七氟丙烷无毒且不会导致窒息。基于上述原因,部分船舶已经用七氟丙烷灭火剂替代了二氧化碳灭火剂。

第六节 灭火方法

燃烧四面体既描述了燃烧所必要的条件,也为灭火提供了理论指导。从燃烧四面体的四个要素出发,灭火方法可以分为四种:隔离法、窒息法、冷却法和抑制法。

一、隔离法

隔离法是指把可燃物与点火源或助燃物隔离开,没有足够的可燃物,燃烧即会自动熄灭的方法。隔离法主要针对的是燃烧四面体中的可燃物,通过移除可燃物,达到破坏燃烧反应的目的。隔离法如图 2-6-1 所示。

在船上,可以根据火灾现场的情况,采取不同的方法来隔离可燃物。其具体方法如下:

(1)将火源附近或相邻舱室的可燃、易燃、易爆和助燃物品转移到安全地点或投入海中。

(2)拆除与火场相连或相邻舱室的易燃结构,形成隔离带,防止火势蔓延。

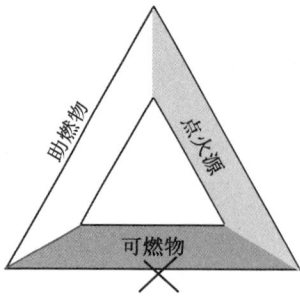

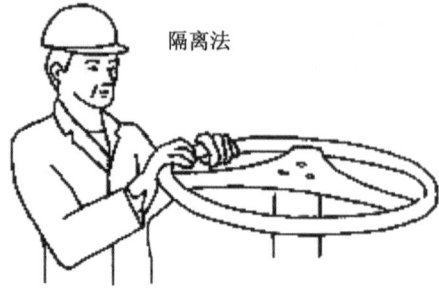

图 2-6-1　隔离法

（3）关闭可燃气体或可燃液体管道的阀门。

（4）阻拦在舱室里或甲板上流淌的可燃液体并将其控制在有限范围内。

二、窒息法

使可燃物与空气隔绝，火因缺氧而窒息，达到灭火的目的，这种方法称为窒息法。根据燃烧的三要素可知，燃烧物的燃烧必须要有一定的氧气浓度，否则燃烧反应无法进行。因此，通过控制氧气含量可以有效控制燃烧反应，达到灭火的目的。

通常，窒息法的实施包括两个方面：隔绝氧气和稀释氧气，如图 2-6-2 所示。隔绝氧气指用防火毯、沙子或其他不燃物覆盖在燃烧物的表面，使空气中的氧不能到达燃烧物，中断燃烧反应；稀释氧气是指通过灌注惰性气体或控制氧气供应，使空气中含氧量迅速减少，当火灾区域中空气含氧量降到 15% 以下时，一般的可燃物就会因缺氧而使火熄灭。二氧化碳、水蒸气等灭火剂主要利用的就是窒息作用。

(a) 隔绝氧气

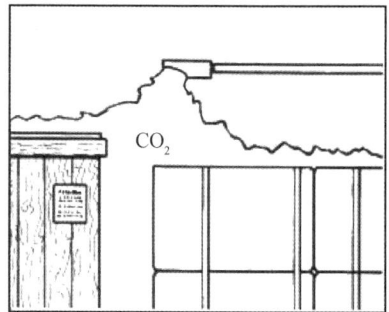

(b) 稀释氧气

图 2-6-2　窒息法

在船舶火灾的扑救中，窒息法的应用也非常广泛。其具体应用如下：

（1）使用固定式二氧化碳灭火系统扑救封闭舱室的大中型火灾。

（2）使用雾状水、干粉、泡沫、砂土等灭火剂覆盖燃烧物用以灭火。

（3）封闭燃烧舱室，隔绝空气，达到窒息灭火的目的。

（4）油船、化学品船等船舶使用惰性气体对液货舱进行惰化，防止火灾的发生。

三、冷却法

根据燃烧四面体,可燃物燃烧需要一定的点火源,如果将可燃物的温度降到燃点或闪点之下,那么还未燃烧的可燃物就无法被点燃,燃烧反应也会中止。冷却法灭火的原理是,将灭火剂直接喷射在燃烧物上,通过将燃烧区的温度降低到燃点以下,中断燃烧,或者将灭火剂喷射到火源附近的可燃物上,通过降温阻断热量的传递,使之无法形成新的燃烧。

冷却法是灭火的一种主要方法,常用来进行冷却降温灭火的灭火剂有水、泡沫、二氧化碳等。船舶航行于海上,水是最容易获得,同时也是火灾中应用最广泛的灭火剂。在火灾发生后,利用水的冷却作用可以直接扑灭火灾,也可以给燃烧舱室或火场降温,还可以对进入火场灭火的消防人员进行有效防护,切断火灾传播的路径等。

冷却法如图2-6-3所示。

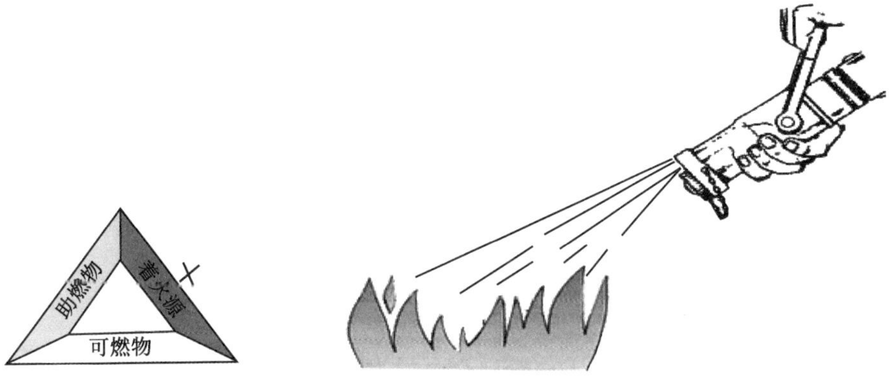

图2-6-3 冷却法

四、抑制法

根据燃烧四面体,利用相应的灭火剂抑制燃烧反应中的自由基,中断链锁反应,也是一种有效的灭火方法。抑制法灭火的原理是,利用灭火剂自身的特性,使其参与燃烧反应当中,夺取链锁反应中的游离基,并与之形成稳定的分子或活性低的游离基,中断链锁反应,达到灭火的目的。如使用卤化烃、干粉灭火剂扑灭可燃气体火灾的方法就属于此种灭火方法。采用抑制法时所使用的灭火剂最典型的代表是卤化烃。需要注意的是,根据灭火原理,使用抑制法灭火时,灭火剂要喷射到燃烧区域内,作用到燃烧反应剧烈的部位,这样才能更好地参与燃烧反应,发挥其抑制作用。

常见灭火剂的主要灭火原理如表2-6-1所示。

表 2-6-1　常见灭火剂的主要灭火原理

序号	灭火剂名称	灭火原理
1	水	冷却法
2	二氧化碳	窒息法
3	泡沫	冷却法、窒息法
4	三氯甲烷等卤代烷类灭火剂	抑制法
5	干粉、气溶胶等	抑制法、冷却法、窒息法

第三章

船舶消防器材

第一节　手提式灭火器

手提式灭火器主要用于扑救初期的小范围的火灾。在船舶起居处所、服务处所、火灾控制站内、机器处所、厨房和每一易燃物料储藏室都应配备足够数量的手提式灭火器。

目前,船舶上常用的灭火器有水基型、干粉型、二氧化碳型,以及清洁气体型。各类灭火器一般都有特定的型号与标识。中国船级社(CCS)要求,不准使用灭火剂本身或使用灭火器时会发出一定量的毒气足以危害人身安全的灭火器。

根据《国际消防安全系统规则》的规定,船舶所配备的手提式灭火器,每个干粉或二氧化碳灭火器的容量至少应为 5 kg,而每一泡沫灭火器的容量至少应为 9 L。所有手提式灭火器的质量应不超过 23 kg,而且必须有至少相当于一个 9 L 液体灭火器的灭火能力。

一、水基型灭火器

水基型灭火器是以水作为基础溶剂的灭火器。其中,水的类型包括清洁水或带添加剂的水,添加剂如湿润剂、增稠剂、阻燃剂或发泡剂等。常见的水基型灭火器为泡沫灭火器和清水灭火器。

船用泡沫灭火器曾经大多为化学泡沫灭火器,现在广泛采用的是空气泡沫灭火器(水成膜泡沫灭火器)。

(一)空气泡沫灭火器

空气泡沫灭火器又称机械泡沫灭火器,依靠驱动气体(二氧化碳、氮气)搅动空气泡沫灭火剂形成泡沫,泡沫再在驱动气体压力作用下喷射出灭火器进行灭火。它主要用来扑灭油类火及部分可燃液体的初期火灾,也可用于扑救 A 类初期火灾。

空气泡沫灭火器的结构包括钢瓶、瓶盖、驱动气瓶、喷射系统和开启机构等。钢瓶是充装空气泡沫灭火剂的容器。瓶盖是密封灭火器钢瓶的盖子。瓶盖上还装有提把(转移手柄)、喷射软管、驱动气瓶、虹吸管、出气管和开启机构等。驱动气瓶中储存有液态二氧化碳。喷射系统由虹吸管、喷射软管和喷嘴等部件构成。开启机构由压把(释放手柄)、压杆、限位弹簧和穿刺钢针等零件组成。压杆上与压把相连,下与穿刺钢针相接。限位弹簧使穿刺钢针平时与密封膜片保持一定距离,以免碰破膜片而造成误喷射。为防止在压杆与筒盖配合处泄漏,压杆上部装有密封圈。开启时只要压下压把,压杆就会推动穿刺钢针刺破驱动气瓶的密封膜片,释放出二氧化碳气体。空气泡沫灭火器的结构如图 3-1-1 所示。

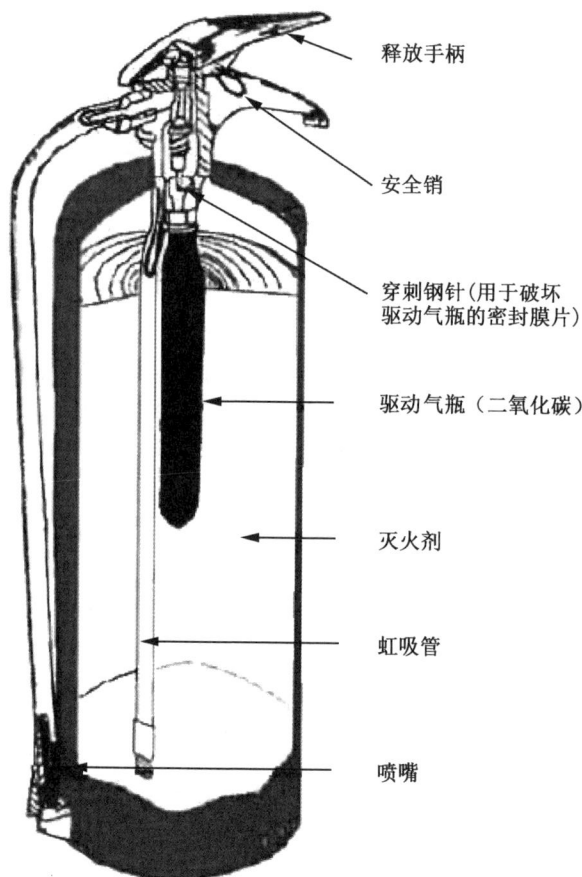

图 3-1-1　空气泡沫灭火器的结构

空气泡沫灭火器操作时,通过开启机构刺破驱动气瓶的膜片,释放出二氧化碳;二氧化碳通过出气管进入灭火器钢瓶,搅动泡沫液并给泡沫液加压;经加压后的泡沫液经虹吸管进入喷射软管,最终经过喷嘴喷射出去。

(二)清水灭火器

如果将上述空气泡沫灭火器中的灭火剂换成清水,就可以称为清水灭火器。

清水灭火器中充装清洁的水,为了提高灭火性能,在清水中加入适量添加剂,如抗冻剂、湿润剂、增稠剂等。清水灭火器采用贮气加压方式,加压气体为液体二氧化碳,其结构可以参考图 3-1-1。

清水灭火器适于扑救常见可燃固体的初期火灾。

二、干粉灭火器

干粉灭火器按充装干粉类型的不同分为"BC"型和"ABC"型,可以为 D 类火灾配制特殊金属干粉。

干粉灭火器依靠驱动气体(常用的是二氧化碳或氮气)驱动干粉喷射灭火,主要用于扑灭可燃液体、可燃气体和电气设备等的初期火灾。

干粉灭火器通常由钢瓶、瓶盖、驱动气瓶、喷射系统开启机构等部分组成。钢瓶是充装干粉灭火剂的容器,瓶盖是密封筒体的盖子,筒盖上还装有提把、喷射软管、驱动气瓶、出粉管、出气管和开启机构等。驱动气瓶是贮存液态二氧化碳的容器。干粉灭火器根据驱动气瓶的安装位置不同,可分为内装式和外装式两种。除此之外,干粉灭火器还包括贮压式干粉灭火器,此种灭火器没有驱动气瓶。内装式干粉灭火器如图 3-1-2 所示。

驱动气瓶由无缝钢管经加热、旋压收口制成,采用金属膜片密封。喷射系统由出气管、出粉管、喷射软管和喷嘴等部件构成。出气管由金属材料制成,下端密封,在下部和中间开有两对出气孔。当驱动气瓶的密封膜片被刺破后,释放出来的二氧化碳气体经过出气管进入灭火器筒体内,对干粉进行搅动、加压。出粉管是由金属、尼龙材料或硬塑料制成的,上端与瓶盖相连,下端进口处一般都装有防潮堵。防潮堵有两个作用:一是把灭火器筒体内部与外界大气隔绝,以防干粉灭火剂受潮结块;二是改善灭火器低温时的喷射性能。开启机构由压把、压杆、限位弹簧和穿刺钢针等零件组成。压杆上与压把相连,下与穿刺钢针相接。限位弹簧使穿刺钢针平时与密封膜片保持一定距离,以免碰破膜片而造成误喷射。为防止在压杆与筒盖配合处泄漏,压杆上部装有密封圈。开启时只要压下压把,压杆就会推动穿刺钢针刺破驱动气瓶的密封膜片,释放出二氧化碳气体。外装式干粉灭火器与内装式的不同之处在于二氧化碳驱动气瓶的安装位置。外装式干粉灭火器如图 3-1-3 所示。

除此之外,将灭火剂和驱动气体同时存储于钢瓶内的,称为贮压式。贮压式干粉灭火器由筒体、筒盖、喷射系统和开启机构等部件组成。其结构简单,由于压缩氮气与干粉共存于灭火器筒体中,因而没有贮气瓶和出气管。但为了显示压力,应在筒盖上增加一块压力表。

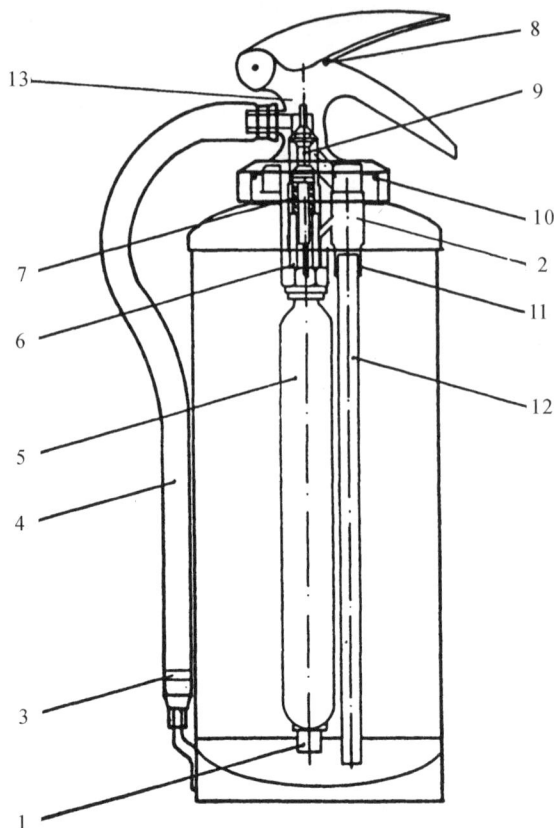

图 3-1-2　内装式干粉灭火器

1—出气管；2—流量调节阀；3—"O"形夹；4—喷射软管（带喷嘴）；5—贮气瓶；6—压杆压片；
7—弹簧；8—安全销；9—控制杆；10—"O"形螺母；11—管架；12—出粉管；13—瓶头总成

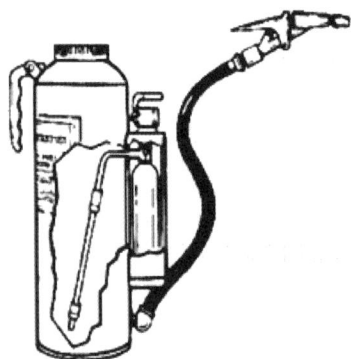

(1)拔出安全销，
压下释放手柄

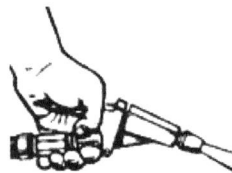

(2)打开喷嘴，
喷出干粉

图 3-1-3　外装式干粉灭火器

三、二氧化碳灭火器

手提式二氧化碳灭火器由钢瓶、瓶头阀和喷射系统组成,如图 3-1-4 所示。

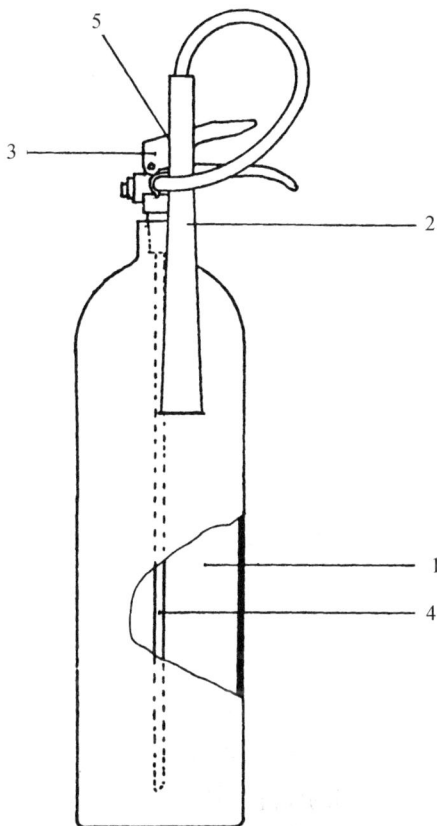

图 3-1-4 二氧化碳灭火器

1—钢瓶;2—喷嘴(带软管);3—瓶头阀;4—虹吸管;5—安全销

钢瓶是充装液态二氧化碳的容器,它采用无缝钢管经加热、旋压收口制成,属于高压容器。

瓶头阀既是密封灭火器钢瓶的盖子,又是控制灭火剂喷射的阀门。瓶头阀一般由铜合金经热锻加工制成。瓶头阀上装有超压安全保护装置和开启机构。超压安全保护装置为安全膜片。开启机构有两种:手轮式和压把式。手轮式开启机构由手轮、螺杆组成,开启后只能一次用完,现在已被淘汰。压把式开启机构是由压把和压杆组成的。开启时压下压把,压杆就会下移,推动密封阀芯脱离密封座,使二氧化碳释放出来。松开压把,阀芯则会在弹簧和内部压力的作用下自动复位而关闭。所以,这种开启机构是手动开启、自动关闭型。

二氧化碳灭火器的喷射系统由虹吸管、喷射连接管和喷嘴组成。虹吸管由镀锌钢管或塑料制成,它是二氧化碳从筒体内向外喷射的通道。虹吸管上端与瓶头阀连接,下端在距钢瓶底部 10 mm 处,被切成 30°的斜面,以利于二氧化碳的喷射。二氧化碳灭火器喷嘴与瓶头阀的连接形式有两种:刚性连接式和软管连接式。刚性连接式的喷嘴是用金属管连接在灭火器的瓶头阀上的。使用时,喷嘴和金属管只能绕瓶头阀上下转动,并可以在任意位置停顿,如要左右摆动,就需水平转动灭火器筒体。而软管连接式的喷嘴用喷射软管与瓶头阀相连,喷嘴可以绕瓶头阀上下左右任意转动,在喷射软管与喷嘴的连接处有供人握持的手柄。一般船舶上配备的二氧化碳灭火器都采用这种连接方式。

手提式二氧化碳灭火器不能配置于船舶生活区内。

四、洁净气体灭火器

洁净气体灭火剂是非导电的气体或汽化液体的灭火剂。这种灭火剂能蒸发,不留残余物,包括:卤代烷烃类气体灭火剂、惰性气体灭火剂和混合气体灭火剂等。洁净气体灭火器是指使用洁净气体灭火剂的灭火器。已有的产品主要是1211(哈龙)灭火器。

1211 是二氟一氯一溴甲烷($CBrClF_2$)的代号。1211 灭火剂是一种低沸点的液化卤代烷气体,具有灭火效率高、毒性低、腐蚀性小、久储不变质、灭火后不留痕迹、不污染被保护物、绝缘性能好等优点。它可用于扑救易燃、可燃的液体、气体、金属及带电设备的初期火灾;也适合扑救精密仪器仪表、贵重的物资、珍贵文物、图书档案等的初期火灾。

虽然,国际海事组织和我国海事主管机关均未对手提式或推车式 1211 灭火器在船上的禁用日期做出规定,但是中国船级社《船上灭火器配置和定期检查与检修保养及试验要求指南》规定,在用的 1211 灭火器如已使用,能再进行充装,则仍可使用。但是新造船舶配置灭火器时,不应再使用 1211 灭火器。我国为了落实《蒙特利尔破坏臭氧层物质管制议定书》,2000 年已停止使用 1211 灭火剂,2005 年也已停止使用 1301 灭火剂。所以,2005 年以后,我国也就不再生产上述灭火剂。为了保证船舶的正常营运,船舶原配卤代烷灭火器已经置换成其他灭火器。

五、灭火器的技术性能

(一)灭火器的规格和型号

1. 规格

灭火器的规格按其充装的灭火剂量来划分。

(1)水基型灭火器为 2 L、3 L、6 L、9 L;

(2)干粉灭火器为 1 kg、2 kg、3 kg、4 kg、5 kg、6 kg、8 kg、9 kg、12 kg;

(3)二氧化碳灭火器为 2 kg、3 kg、5 kg、7 kg;

(4)洁净气体灭火器为 1 kg、2 kg、4 kg、6 kg。

2. 型号

我国灭火器的型号是按照《消防产品型号编制方法》(GN 11—1982)编制的。它由类、组、特征代号及主要参数几部分组成。类、组、特征代号用大写汉语拼音字母表示。

(1)灭火器本身代号一般编在型号首位,通常用"M"表示。

(2)灭火剂代号编在型号第二位:F——干粉灭火剂;T——二氧化碳灭火剂;Y——1211 灭火剂;Q——清水灭火剂。

(3)形式号一般编在型号中的第三位,是各类灭火器结构特征的代号。

目前我国灭火器的结构特征有手提式(包括手轮式)、推车式、鸭嘴式、舟车式、背负式五种,分别用 S、T、Y、Z、B 表示。型号最后面的阿拉伯数字代表灭火剂质量或容积,一般单位为 kg 或 L,例如"MF/ABC2"表示 2 kg ABC 干粉灭火器;"MSQ9"表示容积为 9 L 的手提式清水灭火器;"MFT50"表示 50 kg 推车式干粉灭火器。国家标准规定,灭火器型号应以汉语拼音大写字母和阿拉伯数字标于筒体。

(二)灭火级别

灭 A 类火的灭火器的灭火性能以级别表示。它的级别代号由数字和字母 A 组成,数字表示级别数,字母 A 表示火的类型。灭火器灭 A 类火的性能不应小于表 3-1-1 的规定。

表 3-1-1　灭火器灭 A 类火的性能

级别代号	干粉/kg	水基型/L	洁净气体/kg
1A	≤2	≤6	≥6
2A	3~4	>6~≤9	
3A	5~6	>9	
4A	>6~≤9		
6A	>9		

灭 B 类火的灭火器的灭火性能以级别表示。它的级别代号由数字和字母 B 组成,数字表示级别数,字母 B 表示火的类型。灭火器 20 ℃时灭 B 类火的性能,不应小于表 3-1-2 的规定。

表 3-1-2　灭火器灭 B 类火的性能

级别代号	干粉/kg	洁净气体/kg	二氧化碳/kg	水基型/L
21B	1~2	1~2	2~3	
34B	3	4	5	
55B	4	6	7	≤6
89B	5~6	>6		6~9
144B	>6			>9

灭 C 类火的灭火器,可用字母 C 表示。C 类火无试验要求,也没有级别大小之分,只有干粉灭火器、洁净气体灭火器和二氧化碳灭火器才可以标有字母 C。

灭 E 类火的灭火器,可用字母 E 表示,E 类火没有级别大小之分,干粉灭火器、洁净气体灭火器和二氧化碳灭火器可标有字母 E。对于水基型的喷雾灭火器,如标有 E,在试验中应满足当灭火器喷射到带电的金属板时,灭火器的提把与压把之间或喷嘴与大地之间,以及大地与灭火器之间的电流不应大于 0.5 mA。

灭火器灭火级别通过标准灭火试验测得,试验标准参照国标《GB 4351.1—2005》中 A 类火灭火试验 7.2 部分和 B 类火灭火试验 7.3 部分。

六、灭火器的使用方法

(一)灭火剂的选择

不同种类的灭火剂适用于不同物质的火灾。在进行火灾扑救时,如果灭火剂选择不当,不仅扑灭不了火灾,还有可能引起逆化学反应,甚至造成爆炸伤人事故。不同灭火剂适用的火灾类型如表 3-1-3 所示。

表 3-1-3　不同灭火剂适用的火灾类型

灭火剂 / 火灾类型	水	泡沫	干粉	二氧化碳	湿性化学干粉
A 类火灾	√	√	√	×	√
B 类火灾	×	√	√	√	×
C 类火灾	×	×	√	√	×
D 类火灾	×	×	×	×	×
E 类火灾	×	×	√	√	×
F 类火灾	×	×	×	×	√

注意:(1)√代表适用;×代表不适用。

(2)D 类火灾是轻金属引起的火灾,使用 D 类干粉扑救;E 类火灾是带电设备火灾;F 类火灾是烹调油火灾,使用一般的灭火器扑救的效果不好,用湿性化学灭火器扑救的效果最好。

(二)灭火器的操作规程

手提式灭火器是常用的灭火器材。人们在使用的过程中总结出了手提式灭火器的使用程序,这个程序可以总结为一个英文单词:PASS(具体含义可参阅图 3-1-5)。除了图示的操作规程外,还应注意:灭火器在使用前应确认该灭火器是否处于正常状态;在接近火场的过程中,要保持低姿接近;在撤离火场时,保持面对火场的状态,时刻观察火场的变化,防止火灾复燃。

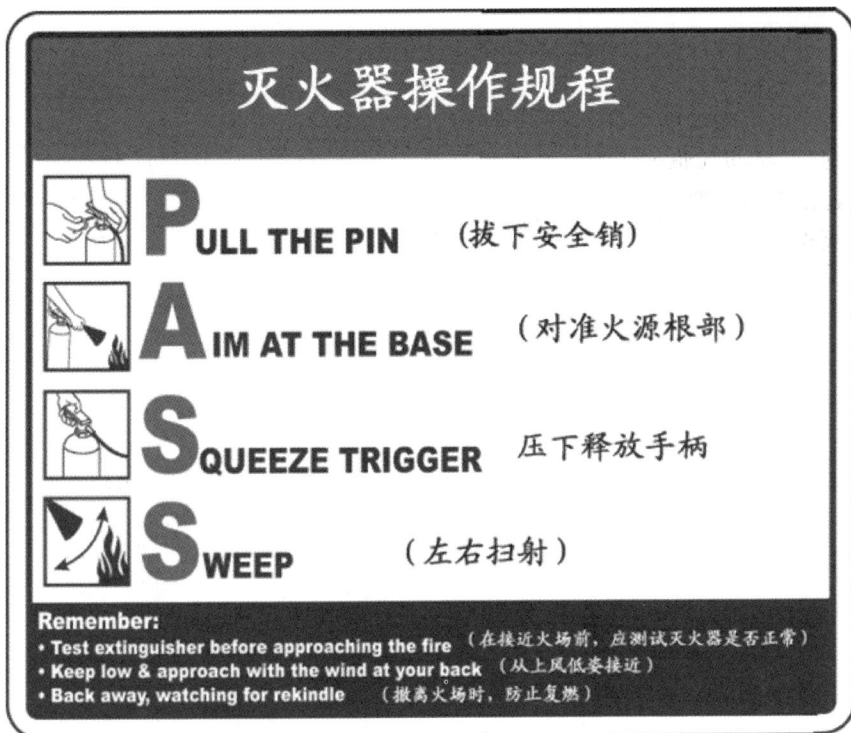

图 3-1-5　灭火器的使用方法

（三）灭火器使用的原则

（1）先确保人员安全,再考虑扑救火灾。

（2）先控制、后扑救。注意不要让小火变大火,然后考虑扑救。

（3）对于复杂的火场,先扑救周边火,再扑救中心火。

（4）对于上下蔓延的火场,先扑救火场上侧的火,再扑救地面的火。

（5）扑救火灾从上风开始,逐渐向下风移动。

第二节　推车式灭火器

　　SOLAS 公约规定,在 A 类机器处所、滚装处所内应设置推车式泡沫灭火器及其等效物。等效物主要指推车式二氧化碳灭火器、推车式干粉灭火器。推车式灭火器带有活动轮子,便于移动。推车式灭火器的总重不得大于 450 kg,且应满足单人即可进行移动和操作的要求。等效物(灭火器)系指能扑灭 B 类火且其灭火能力与容量为 45 L 和 135 L 的推车式泡沫灭火器相当的其他灭火器。

一、推车式泡沫灭火器

该灭火器筒身内装空气泡沫溶液,驱动气瓶悬挂于灭火器外(也有安装于灭火器内的)。驱动气瓶和灭火器之间有高压气管连接,如图3-2-1所示。推车式泡沫灭火器通常配备于船舶的机舱内。推车式泡沫灭火器在船上有两种规格:45 L推车式泡沫灭火器配备于船舶主机(内燃机)附近,135 L推车式泡沫灭火器配备于船舶锅炉附近。

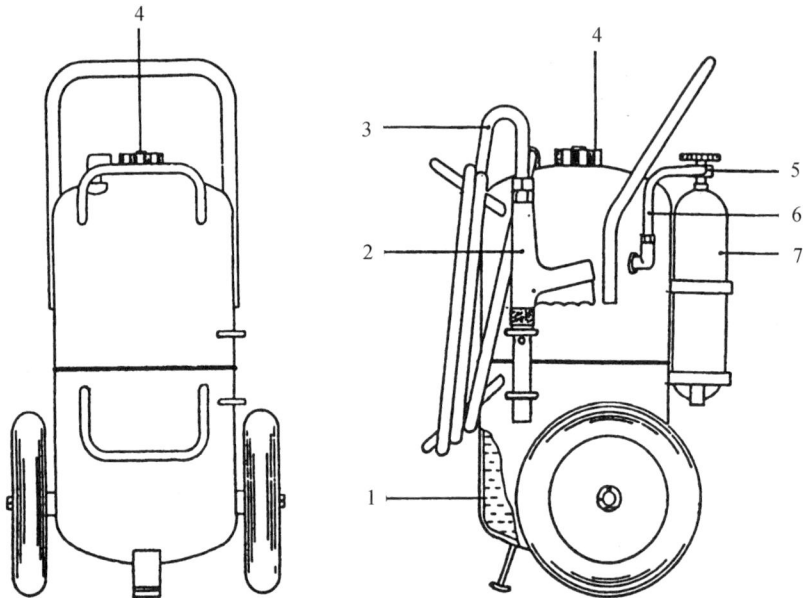

图 3-2-1　推车式泡沫灭火器

1—空气泡沫;2—泡沫喷枪和转环;3—喷射软管;4—螺帽环和制动轮;5—二氧化碳阀;6—二氧化碳高压管;7—二氧化碳钢瓶

推车式泡沫灭火器的使用方法如下:

(1)确认灭火器处于可用状态;

(2)将泡沫灭火器推到火场附近,并且保证灭火器正对火场(和火场保持安全距离);

(3)拔下灭火器的安全销,并转动(根据实际情况)操作手柄;

(4)拿起释放喷嘴,并将释放管铺开,对准火焰根部(根据射程调整喷嘴的位置);

(5)打开喷嘴上的释放开关,并将灭火剂喷射到火源处;

(6)左右扫射,并根据火场的变化,从近端(靠近操作者)向远端推进。

二、推车式干粉灭火器

推车式干粉灭火器主要设置在机器处所、滚装处所内。它由筒体、筒盖、驱动气瓶、转移系统、喷射系统和开启机构等组成。驱动气瓶也有两种设置形式:内装式和外装式。内装式的结构紧凑,美观大方。外装式的便于检查、修理和维护。推车式干粉灭火器如图 3-2-2 所示。

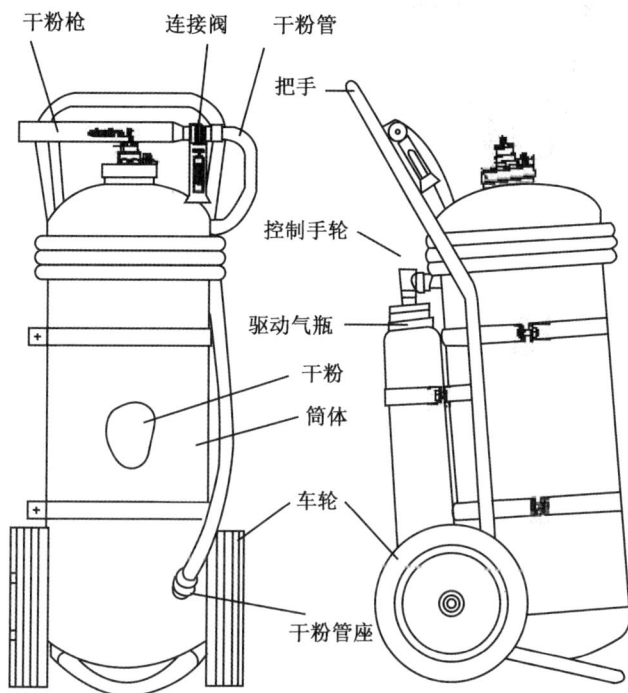

图 3-2-2 推车式干粉灭火器

推车式干粉灭火器的配备:根据《推车式灭火器》(GB 8109—2005),我国所生产的推车式干粉灭火器规格为 20 kg、50 kg、100 kg、125 kg。

根据灭火级别,20 kg 推车式干粉灭火器(灭 B 类火的最小级别不应小于144B),就可等效于 45 L 干粉灭火器;同样道理,50 kg 的干粉灭火器(灭 B 类火的最大级别为 297B)可以替代 135 L 推车式泡沫灭火器(灭 B 类火的最大级别为297B)。

推车式干粉灭火器的使用方法可参考推车式泡沫灭火器的使用方法。推车式干粉灭火器铭牌如图 3-2-3 所示。

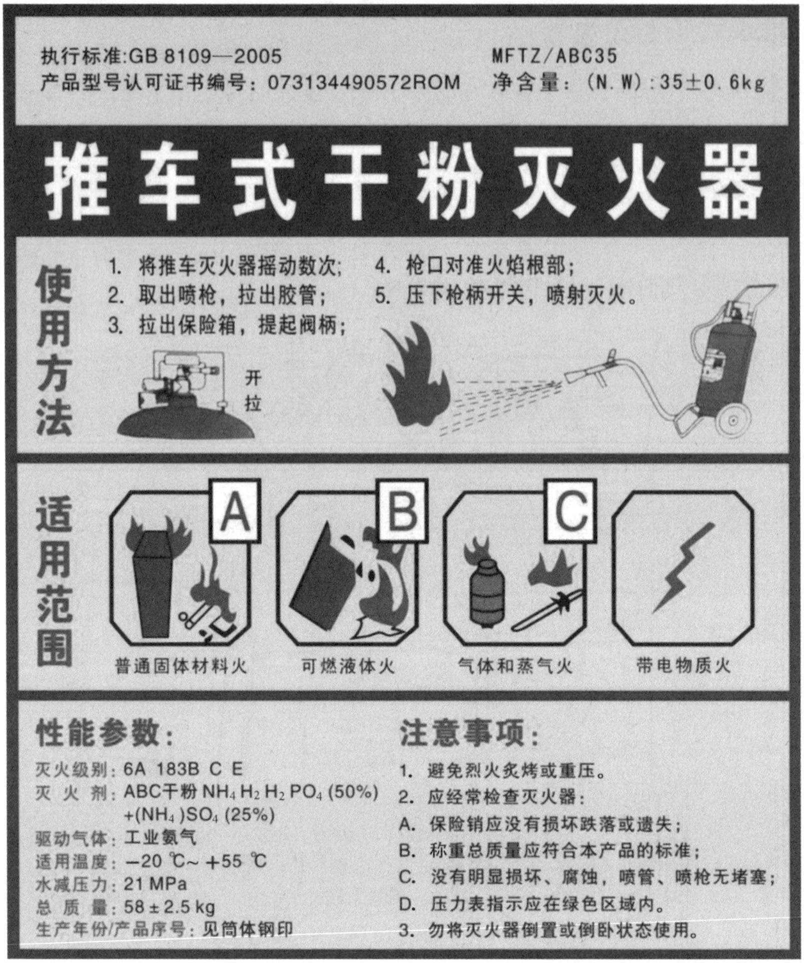

图 3-2-3　推车式干粉灭火器铭牌

三、推车式二氧化碳灭火器

推车式二氧化碳灭火器的结构与手提式灭火器基本相同,其主要不同点在于多了一个方便移动灭火器的推车,开启机构全部采用手轮式的。大型二氧化碳灭火机如图 3-2-4 所示。

推车式二氧化碳灭火器的配备:根据《推车式灭火器》(GB 8109—2005),我国所生产的推车式二氧化碳灭火器规格为 10 kg、20 kg、30 kg、50 kg。按照 GB 8109—2005 的要求:50 kg 装推车式二氧化碳灭火器可以替代 135 L 的推车式泡沫灭火器;30 kg 装推车式二氧化碳灭火器可以替代 45 L 的推车式泡沫灭火器。

推车式二氧化碳灭火器的使用方法可参考推车式泡沫灭火器的使用方法。

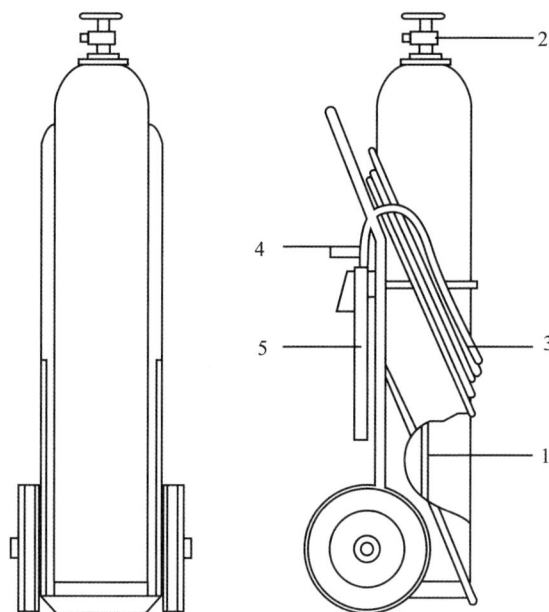

图 3-2-4 大型二氧化碳灭火机

1—虹吸管;2—瓶头阀;3—高压软管;4—喷射开关;5—喷嘴

第三节 消防员装备

一、消防员装备的介绍

消防员装备是保护在火场中执行搜救任务的消防人员人身安全的重要装备品,不仅是火灾救助现场不可或缺的必备品,也是保护消防人员身体免受伤害的保护用具,能确保消防人员安全地进入火场进行对受困人员的搜救、火情的探察和灭火行动等。

根据《国际消防安全系统规则》的规定,消防员装备包括一套消防员个人设备、一副呼吸器和一根耐火安全绳。

(一)消防员个人装备

消防员个人装备包括:防护服、长筒靴、头盔、防爆安全灯和可携式消防斧。

《国际消防安全系统规则》要求,防护服的材料应能保护皮肤不受火焰热辐射及灼伤和蒸气烫伤,其外表面应能防水。防护服由上衣、裤子、手套、头罩和鞋罩组成。防火隔热服和呼吸器如图 3-3-1 所示。

长筒靴由橡胶或其他绝缘材料制成。头盔应为硬质头盔,该头盔应该坚固耐

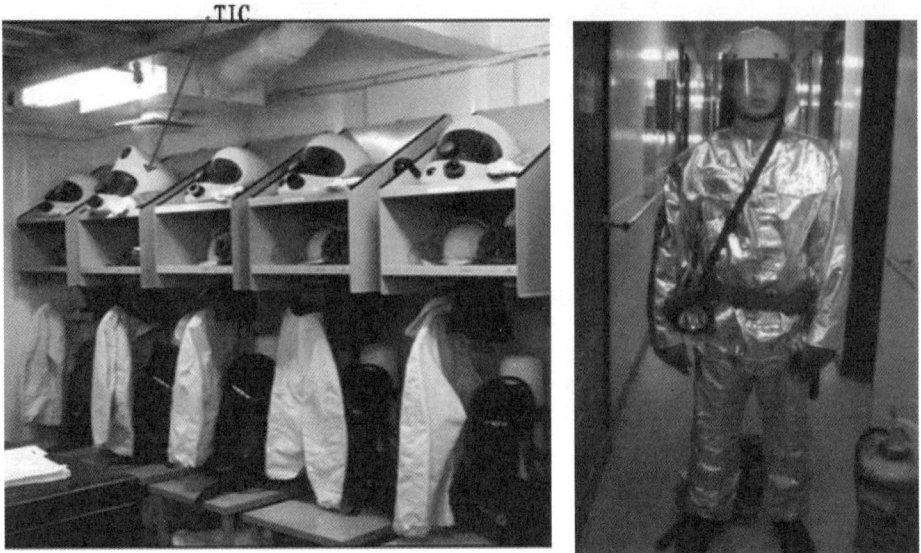

图 3-3-1 防火隔热服和呼吸器(左为非铝箔防护服,右为铝箔防护服,TIC 为热成像仪)

用,能对撞击提供有效保护。

可携式消防斧的手柄必须能提供高压绝缘保护。船用消防斧有长柄和短柄两种。长柄消防斧(Pike Head Axe)是一种重型的带有尖头的组合式斧头,传统上通常被称为"船斧"。其斧头刃口用来割断电缆,尖端用来撬开门上的锁头,甚至可以撬开船上的舱壁门,以获得救援通道。短柄消防斧也被称为腰斧,可以在作业范围狭窄、长柄消防斧使用不便的地方使用。短柄消防斧携带方便,操作轻巧。

认可型安全电灯(手提灯)的照明时间至少为 3 h。在液货船上使用的和拟用于危险区域的安全电灯应为防爆型。长柄消防斧和电池安全灯如图 3-3-2 所示。

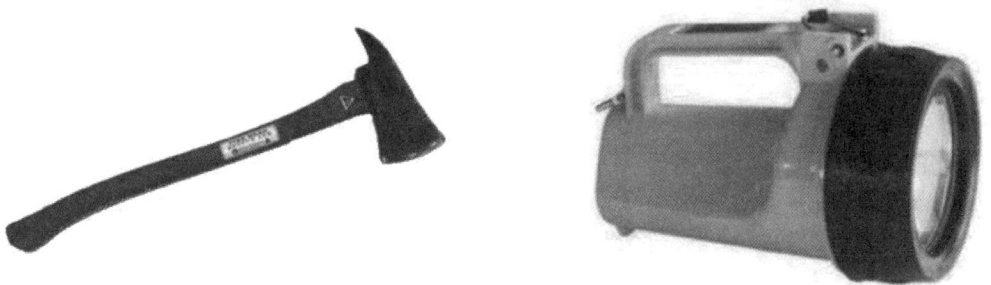

图 3-3-2 长柄消防斧和电池安全灯

(二)正压式空气呼吸器

正压式空气呼吸器在国际上被称为 SCBA(Self-contained Breathing Apparatus),如图 3-3-3 所示。SOLAS 公约规定,船舶配置的正压式空气呼吸器的气瓶应至少存储 1 200 L 的空气,或者使用能够供气至少 30 min 的其他自给式呼吸器,并且呼吸器的所有气瓶都应能够互换使用。

正压式空气呼吸器主要由背托、高压空气瓶、全面罩及调节阀、余压报警器等组成。正压式空气呼吸器减压的工作原理如图 3-3-4 所示。

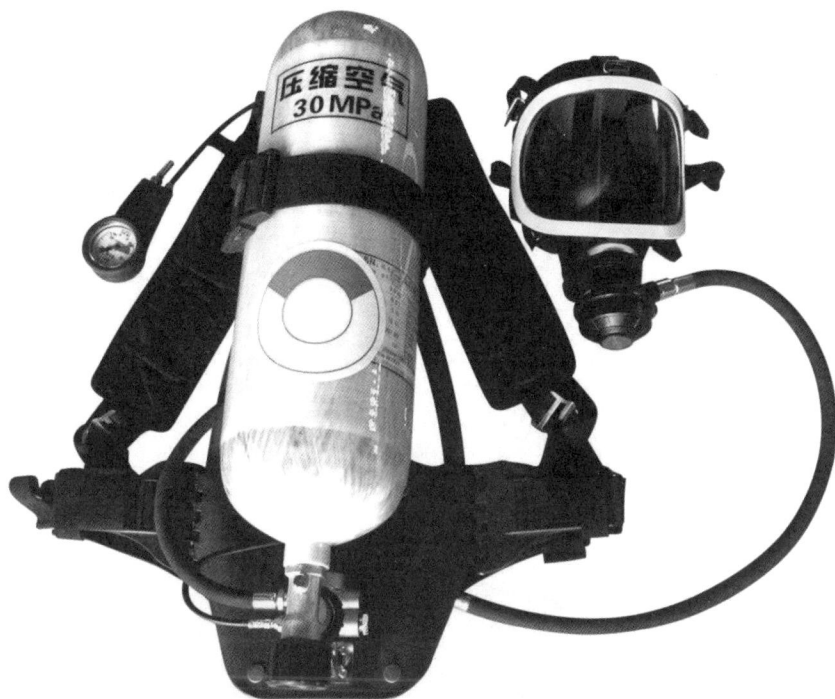

图 3-3-3　正压式空气呼吸器

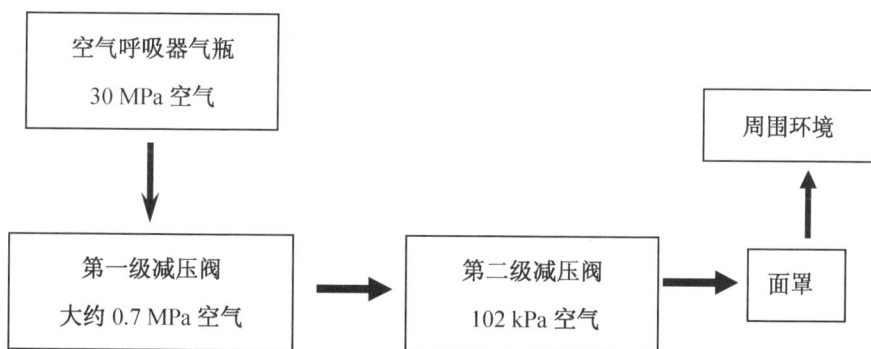

图 3-3-4　正压式空气呼吸器减压的工作原理

SOLAS 公约和《国际消防安全系统规则》增加了关于消防人员装备呼吸器和双向便携式无线电话设备的要求:

(1)呼吸器应安装声音及视觉或其他报警装置,当气瓶内气体存储量减少到

200 L时能够警示使用者。该规定适用于2014年7月1日后建造（安放龙骨）的船舶，其他船舶需在2019年7月1日前满足该规定。

（2）所有于2014年7月1日或者之后建造的船舶，应为其每一消防小组配备至少两台双向便携式无线电话设备以确保消防人员良好通信。这些双向便携式无线电话应该具有防爆功能或者是本质安全型设备。其他船舶应在不晚于2018年7月1日前满足该要求（SOLAS公约第Ⅱ-2/10.10.4条规定）。

（三）耐火安全绳

每一呼吸器都应配有一根长度至少为30 m的耐火安全绳。耐火安全绳应能够通过5 min的3.5 kN静荷载试认可试验。耐火安全绳应能够用卡钩系在呼吸器的背带上，或系在一条单独的系带上，以防止在使用耐火安全绳时与呼吸器脱开。它的主要作用包括两个方面：第一，显示来时的通道路径；第二，作为搜救时的简单通信工具（通过有节奏地拉动绳索，表达特定的含义）。耐火安全绳如图3-3-5所示。

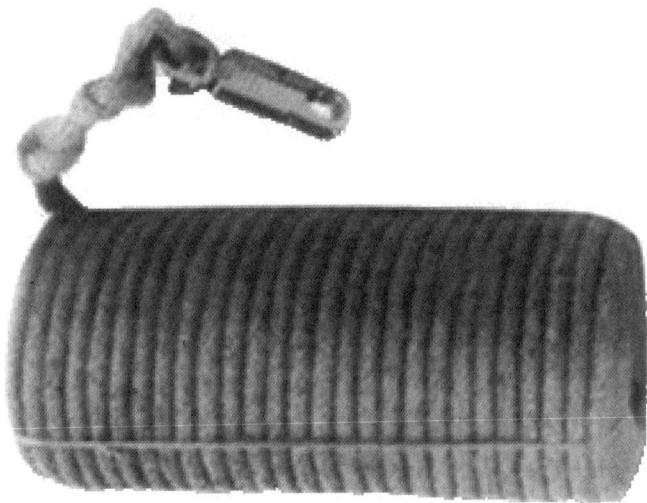

图3-3-5　耐火安全绳

（四）配备要求

每艘船舶至少配有两套消防员装备，存放在易于取用之处。船舶上配备的消防员装备中的防护服通常包括两种类型：一种是传统的符合SOLAS公约标准的消防员装备，通常称为铝箔服；另一种为满足美标或欧标的消防员装备，其防护服采用间位芳纶（阻燃处理）制作而成。SOLAS公约对国际航行船舶配备的消防员装备的要求如表3-3-1所示。

表 3-3-1 SOLAS 公约对国际航行船舶配备的消防员装备的要求

船舶类型	设有乘客处所和服务处所的甲板
客船	至少 2 套,除此外,还应满足下列要求: (1)按其最大的乘客处所和服务处所的总长度,每 80 m 或其零数①备有 2 套消防员装备和 2 套个人配备; (2)对载客超过 36 人的,每一主竖区内应另增加 2 套消防员装备,每具呼吸器应设有 1 支水雾枪; (3)可根据船舶大小和类型增加个人配备和呼吸器数量
油船	至少 4 套,根据船舶大小和类型还需增加个人配备和呼吸器数量
货船	至少 2 套,根据船舶大小和类型还需增加个人配备和呼吸器数量
平台	至少 2 套消防员装备和 2 套个人配备; 消防员装备应存放于易于到达之处并处于随时取用状态,如适用,其中 1 套装备应存放在直升机甲板的附近

①:零数表示不足 80 m 以 80 m 计。

二、消防员装备的使用

因消防员装备较其他衣服稍重,穿时可以两人协作,也可以单人完成。消防员装备如图 3-3-6 所示。

下面是单人使用消防员装备的程序,消防员装备会由于生产厂家的不同而稍有区别。

(一)使用前的检查

如果时间允许,最好在使用前对正压式呼吸器进行使用前检查。检查包括:

1. 检查面罩的气密性

将手掌贴在面具的供气阀连接接口上;吸气然后屏住呼吸几秒钟,面具应该贴在脸上不动并保持一段时间,证明没有泄漏;如果面罩滑动说明有泄漏,调整面罩脸部胶圈或头带后,重新检测是否漏气直至不漏为止。

2. 检查中压软管的气密性

将呼吸面罩接到中压软管上,并打开空气瓶的瓶头阀,观察压力表。压力表的读数应不低于 28 MPa;之后将空气瓶的瓶头阀关闭,再连续观察一段时间(观察时间依据品牌型号不同而有所差异),如果压力表读数基本不变,则说明中压软管的气密性符合要求。

3. 检查余压报警装置的性能

检查完中压软管的气密性后,可以轻轻地打开供气阀,或者将面罩罩在脸上轻轻呼吸,当压力表的读数降到(5.5±0.5) MPa 时,可以听到余压报警装置开始报警的声音,报警声持续到压力表归零。注意,不是听到报警声就表示报警器正常,而是

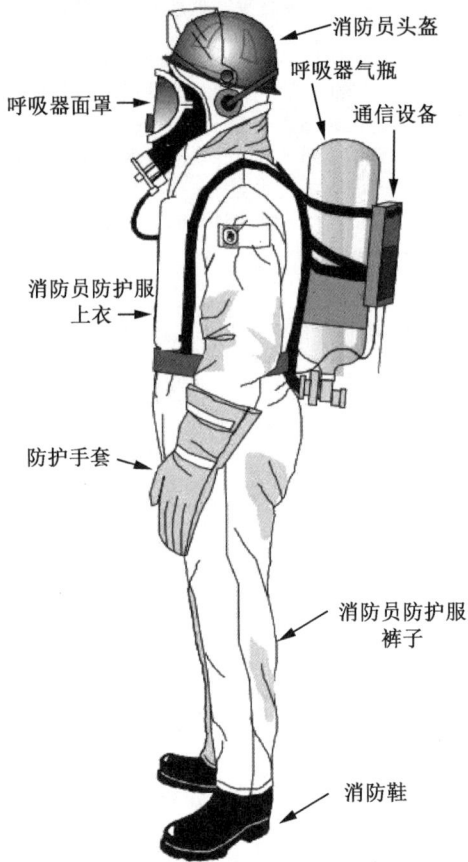

图 3-3-6　消防员装备

（标注：消防员头盔、呼吸器气瓶、通信设备、呼吸器面罩、消防员防护服上衣、防护手套、消防员防护服裤子、消防鞋）

报警器在规定的区间内报警才是正常。

完成上述三项检查后,就可以使用消防员装备了。

(二)消防员装备的穿戴和使用

(1)先穿消防员防护服裤子。穿好裤子后调整肩带,然后穿上消防鞋,并拉上裤子拉链。裤管套在鞋筒外,扎紧裤口。之后,穿上消防员防护服,并拉上拉链。

(2)背戴气瓶。背戴气瓶通常有两种方式:过肩式和交叉穿衣式。过肩式使用较普遍:将呼吸器气瓶的瓶头阀向上放置于平地上,调整好肩带,两手肘部撑开肩带,两手握住背托,将气瓶举过头顶,将背拖搭在后背并慢慢滑下。之后通过肩带调节气瓶的上下位置和松紧,直到感觉舒适为止。将腰带公扣插入母扣内,然后将左右两侧的伸缩带向后拉紧,确保扣牢。最后,将供气阀上的接口对准面罩插口,用力往上推,当听到"咔嚓"声时,安装完毕。

(3)顺时针转动瓶头阀,将阀打开至少两圈。

（4）将面罩的上调整带子放松，拉开面罩头网；把面罩置于脸上，然后将头网戴到头上，调整面罩位置，收紧下端的两根颈带，然后收紧上端的两根头带。

（5）戴好头盔，之后戴上防护手套并扎紧袖口。

（6）深呼吸，打开供气阀，感觉呼吸是否顺畅。

（7）系好防火安全绳。

（8）带好安全灯和消防斧。

（三）卸下装备

先脱去手套。然后转动供气阀上的旋钮，关闭供气阀。之后，右手扣住面罩下端的扣环；左手托住面罩向前一推，松开颈带，然后松开头带，将面罩从脸部由下向上脱下。

解开腰带，放松肩带，将呼吸器从背上卸下，关闭气瓶阀。脱去上衣，脱去隔热靴，最后脱去裤子。

注意：只有身体健康并经过训练的人员才允许戴呼吸器，使用前准备时应有监护人员在场。

（四）安全灯和防火安全绳的使用注意事项

（1）防爆安全灯应斜挎在肩上（如图3-3-1所示）。

（2）使用防火安全绳时应该确定好联系信号。通常探火员与协助者的联系信号为：探火员拉动绳子一下为放绳前进；拉动绳子两下为探火员到位；拉动绳子三下为拉紧绳索并撤离现场；拉动绳子四下及以上为需要援助。若协助者拉动绳子四下以上为提醒探火员紧急撤离。

第四节 个人设备

一、紧急逃生呼吸器

紧急逃生呼吸器在船舶上被称作 EEBD（Emergency Escape Breathing Device）。紧急逃生呼吸器仅用于逃离有毒气体舱室时使用。紧急逃生呼吸器应至少使用 10 min。船舶配备的紧急逃生呼吸装置是压缩空气。

SOLAS 公约规定，EEBD 应符合《国际消防安全系统规则》要求，并且备用 EEBD 必须保留在船上，以便进行船上训练，除了那些指定撤离的空间。所有货船必须在住宿区至少配备 2 个 EEBD。所有客船必须在主区域至少配备 2 个 EEBD，对于载运超过 36 名乘客的船舶，每个主要区域还需要 2 个 EEBD。EEBD 将置于船舶所易于看到的区域，主要置于发动机控制室、车间和逃生路线附近。

紧急逃生呼吸器不应用于灭火、进入缺氧隔离舱或舱室等操作。紧急逃生呼吸器也不能供消防人员使用。

紧急逃生呼吸器由压缩气瓶、压力表和面罩组成,还装备一个能遮盖头部、颈部、肩部的防火焰头罩,头罩上有一个清晰宽阔、明亮的视窗。压缩气瓶:气瓶容积为 2.2 L 或 3 L,工作压力为 21 MPa。紧急逃生呼吸器如图 3-4-1 所示。

图 3-4-1　紧急逃生呼吸器

压缩气瓶上装配有气瓶阀、减压阀、输气导管、头罩以及挎包。气瓶阀是释放空气和充装压缩空气的控制阀,其上装有压力表,正常存放期间不显示气瓶内的压力。

减压阀能将气瓶内的高压空气降为 0.5 MPa 的中压,并且能够将中压气体流量控制在不小于 35 L/min 的稳流状态,流到头罩内供人呼吸使用。

输气导管通过一端的连接快速插头连接减压阀,另一端连接头罩进气接头。输气导管向头罩内输送经减压的压缩空气。

头罩由阻燃、抗渗水、抗热辐射的材料制作,具有隔热和防火功能,经密闭处理,将人体头部、颈部罩盖保护在其内与外界隔离,免受危险气体、高温的伤害。头罩内进气口上装有进气分散器,使气体吹向透明视窗,既可消除视窗上的雾气,又可将新鲜空气吹向口鼻部位附近供人呼吸。

存放和携带紧急逃生呼吸器的是挎包。挎包由阻燃材料制作。袋口采用快捷的尼龙搭扣。挎包的外表面上有佩戴示意图、简单说明、使用时间提示和维护保养要求等。

(一)紧急逃生呼吸器的检查

打开压缩气瓶的气瓶阀,储存在气瓶内的压缩空气从气瓶阀进入减压阀,经减压器组件减压成 0.5 MPa 的中压,调节成不小于 35 L/min 的流量后,通过中压管直接流送到头罩内供呼吸使用。在检查及使用时,气瓶上的压力表显示气瓶内压力。头罩上装有呼气阀,将使用者呼出的气体排出保护罩外。由于保护罩内的气体压力大于外界大气压力,所以外界气体不能进入保护罩,从而达到保护正常呼吸的目的。

为了保证使用者的安全,检查需注意以下几个方面:

（1）检查气瓶内的气压。旋松快速插口上的锁紧螺母，拔出快速插头，使其与快速接口分离。打开气瓶阀，观察压力表，其读数应是（21±1）MPa。关闭气瓶阀，插入快速接头，泄尽余压，使压力表恢复到 0。锁紧快速插口上的锁紧螺母。

（2）目视检查头罩与输气管、输气管与减压器的连接是否牢固完好，减压器与气瓶阀的连接是否牢固完好。

（3）检查头罩颈扣的松紧带的松紧程度是否适当。

（二）紧急逃生呼吸器的穿着

（1）将挎包套挂在脖子上或斜挎在肩上，适度调整背带。

（2）打开背包的盖口，取出头罩。逆时针方向旋开气瓶阀直至完全打开，此时应有气流声。

（3）将透明视窗向前，把头罩戴在头上。

（4）开始自主呼吸，整理好头罩位置，使双眼能够以最佳的视线观察周围环境。

之后，尽快选择合适的路线逃离到安全地带，除非是唯一途径，否则应尽量避免通过危险区域。

使用后，双手抓住头罩下端的松紧带并向外撑开，向上脱出头、颈部，然后沿顺时针方向关闭气瓶阀。

二、过滤式防毒面具

（一）用途和特点

消防人员专用的防毒面具由面罩、导气管、滤毒罐三部分组成。人在密闭面罩内吸气后产生负压，周围环境中的气体通过滤毒罐过滤后人可以吸入体内。它也叫负压式防毒面具，用于保护呼吸器官、眼睛、面部皮肤免遭有害物质的刺激、灼伤。它能有效地防护多种有害气体、细菌和放射性灰尘等。过滤式防毒面具如图 3-4-2 所示。

（二）滤毒罐的类型

滤毒罐的防毒类型较多，使用时根据情况选择符合环境的滤毒罐。不同类型的滤毒罐用不同颜色标注区分，其型号、标色见表 3-4-1。有些滤毒装置还有过滤烟雾的作用。

图 3-4-2　过滤式防毒面具

表 3-4-1　常用滤毒罐的型号规格

过滤件类型	过滤件原标号	标色	防护对象	防毒类型
A	3 号	褐	蒸气或有机气体 （苯、苯胺类、四氯化碳、硝基苯、氯化苦）	综合
B	1 号	灰	蒸气或无机气体 （氯化氢、氢氰酸、氯气）	综合
E	7 号	黄	蒸气或二氧化硫等酸性气体	综合
K	4 号	绿	氨及氨的有机衍生物	单一
CO	5 号	白	一氧化碳	单一
Hg	6 号	红	汞蒸气	单一
H_2S	8 号	蓝	硫化氢	单一

(三)防毒面具的使用、维护和保管的注意事项

1.面罩的选配和佩戴

使用者按自己的头型选择合适的面罩型号,将导气管与滤毒罐连接,把面罩戴在头上,注意头罩带和长发不要折叠压在面罩内。用手堵住滤毒罐底孔,吸气数次,检查面罩是否漏气。在毒区佩戴时要先闭上眼睛,暂停呼吸,迅速戴好面具,深呼吸一口气后再睁开眼睛。

2.使用注意事项

空气中氧气含量低于18%,或有毒物质处于高浓度状态,其浓度超过5 000ppm时,滤毒罐会很快失效,此时不宜使用。

3.维护与保管

面具不用时,滤毒罐的罐盖和底塞要盖严,面罩使用后要用水清洗,置于阴凉处。消防面具应存放在干燥、清洁、通风和避热的库房内。防毒面具只能起净化空气作用,在缺氧及浓烟场所不能代替呼吸器。

【拓展知识】防化服

防化服是专门为消防人员进入化学危险品或腐蚀性物质的火灾或事故现场进行灭火战斗、抢险救援时穿着的一种防护装备。它由阻燃防化层、防火隔热层和舒适层组成。

1.按等级划分的防化服

(1)A级气密性防化服

一般要求:需要与空气呼吸器及化学防护靴、手套配合使用。

主要应用:最高等级的呼吸危害和皮肤危害同时存在时,以及在未知的危险环境中配备。

A级气密性防化服能抵御工业生产中几乎所有危害化学品(包括气态、液态或固态),以及任何危险物质。A级气密性防化服在国际上被视为防护能力最强的防化服。整套服装内必须配置正压式空气呼吸器或长管式空气呼吸器,以达到密闭性。该类型全封闭防护服必须定期对气密性进行检测,以保证使用中的安全。A级气密性防化服如图3-4-3所示。

(2)B级大量喷溅型防化服

一般要求:需要与空气呼吸器及化学防护靴、手套配合使用。

主要应用:最高等级的呼吸危害和较低等级的皮肤危害同时存在时。在已知对皮肤无影响或不能渗透,仅对呼吸系统造成威胁时配备。

B级大量喷溅型防化服要求呼吸防护等级与A级气密性防化服相当,而皮肤防护等级相对低于A级气密性防化服。它能够防止液态物质的渗透,但不能防止有害

图 3-4-3　A 级气密性防化服

蒸气或气体的渗透。该类防护服主要侧重于液态有毒物质防护,而非气态有毒物质。B 级大量喷溅型防化服如图 3-4-4 所示。

图 3-4-4　B 级大量喷溅型防化服

（3）C级少量喷溅型防化服

一般要求：一般需要与过滤式防毒面具及化学防护靴、手套配合使用。

主要应用：较低等级的呼吸危害和较低等级的皮肤危害同时存在时。在已知对皮肤无影响，并已了解环境中有毒物质成分及浓度时配备。

C级少量喷溅型防化服的皮肤防护等级与B级大量喷溅型防化服相当，但呼吸防护等级相对低于B级大量喷溅型防化服。它能够防止有毒液态物质的喷射，但不能防护有毒蒸气或气态物质。C级少量喷溅型防化服如图3-4-5所示。

图3-4-5 C级少量喷溅型防化服

（4）D级普通防化服

一般要求：适用于一般工作环境，对使用者可能接触的有害粉尘、化学试剂起到最初级的防护作用。

主要应用：粉尘防护、少量低浓度化学液体喷溅。在已知气体物质环境，对人体无害且无液体喷溅时配备。

D级普通防化服为低级防化服装，对皮肤及呼吸系统均不具备防护性能。

D级普通防化服如图3-4-6所示。

2. 按类型划分的防化服

（1）重型防化服

重型防化服也称为全封闭防化服或者气密性防化服，一般为A级气密性防化服。它是防化服类别中防护等级最高的一种，材质相当特殊，常用于消防救援、化学品泄漏抢险等场合。它可以有效防护有毒气体的入侵，防护等级远远高于轻型防化服。它不但可以防护液态物质的入侵，还可以防护有毒、有害气体透过服装侵入

图 3-4-6　D 级普通防化服

人体。

（2）轻型防化服

轻型防化服又叫半封闭防化服。除重型防化服以外的防化服均可以定义为轻型防化服。防护等级为 B 级、C 级、D 级的防化服均属于轻型防化服一类，主要能够有效地防护化学溶剂、粉尘颗粒物及病毒的入侵。

第五节　其他消防器材

一、手提式泡沫枪

手提式泡沫枪（可携式泡沫灭火装置）应包括 1 具能以消防水带连接于消防总管的吸入式空气泡沫枪，连同 1 只至少能盛装 20 L 泡沫液的可携式容器和 1 只备用容器。泡沫枪应能至少产生 $1.5 \ m^3/ \ min$ 适合于扑灭油类火灾的有效泡沫。

可携式泡沫灭火装置如图 3-5-1 所示。

该装置主要放置在 A 类机器处所内及特种处所的甲板上的存储箱内，火灾发生时能够利用消火栓供水施放出泡沫去扑救火灾。

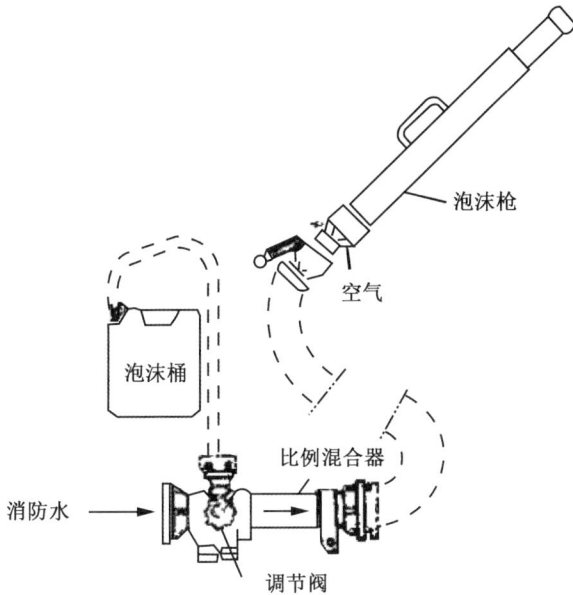

图 3-5-1 可携式泡沫灭火装置

使用时,将消防水带接入固定式水灭火系统。当消防水进入空气泡沫枪后,在枪体和喷嘴构成的空间形成负压。这个空间通过吸液管接头与吸液管连接,吸液管一端插入空气泡沫液桶,吸取空气泡沫液,使空气泡沫液与水按比例混合,当混合液流过喷嘴时,立即扩散雾化,再次形成负压而吸入大量空气,与混合液进行混合,形成空气泡沫,经过整个枪筒产生良好的泡沫射流喷射出去。

灭火人员手持泡沫喷枪,处于失火部位的上风位置,调整喷射距离,使泡沫平稳地覆盖在着火油面或物体上。发射泡沫应连续进行,直至把火扑灭。

使用可携式泡沫装置应注意:

(1)对油类火灾,不可直接将泡沫射向油面,否则会扩大火灾。应对着火后的壁、墙等喷射,使其流下并覆盖油火液面。

(2)喷射时如有风,应使泡沫向顺风方向喷射,避免侧风喷射。

二、灭火毯

灭火毯(如图 3-5-2 所示)有玻璃纤维及纺织品等多种,平时装在包装袋内,放在船上适宜的部位。存放灭火毯的包装袋上须涂上醒目的颜色(如红色),以引起人的注意。

使用时,只要将其展开覆盖于小型燃烧物上,就能达到窒息灭火的目的。

图 3-5-2　灭火毯

【拓展知识】

一、超高压(UHP)水枪

在灭火工作中,消防人员会遇到一些封闭空间内的火灾,如封闭舱室深处或集装箱火灾,若贸然开门进入灭火不仅可能导致空气流入、增大火势,还可能使消防人员暴露在高温、热对流和毒烟雾环境中。在这种情况下,超高压水枪的出现可应对这种问题,如图 3-5-3 所示。消防人员不用进入室内,隔着墙就能将火扑灭,从而更好地避免人员伤亡。

图 3-5-3　超高压水枪穿透集装箱灭火

超高压水枪使用加压水和花岗岩材料的混合物,通过专门设计的穿透喷嘴以 45 L/min 的流量、10 MPa 的压力和 256 km/h 的流速喷射出来,可以在 1 min 之内将混凝土墙、钢板甚至防弹玻璃等大多数材料穿透出一个 6 mm 左右的孔洞。

一旦超高压喷雾穿透表面,喷嘴就会继续将细水雾喷入封闭空间。这种喷雾可以扩散到更大、更深的地方,有助于更快地灭火,同时使用更少的水。水具有最大的实际比热容,并且在所有液体中具有最大的汽化潜热。汽化潜热是将液体变成蒸气而不改变温度所需的热量。使用超高压水枪持续向封闭空间喷射细水雾,可在不到 1 min 的时间内将温度从 800 ℃ 的高温降低到 100 ℃ 左右,有效控制火势。

超高压水枪由 19 mm 的高压软管供水,配合超高压消防泵,最大有效长度可达 300 m。该软管通常存储在电动软管卷盘或多个软管卷盘上(如图 3-5-4 所示),以便快速部署。

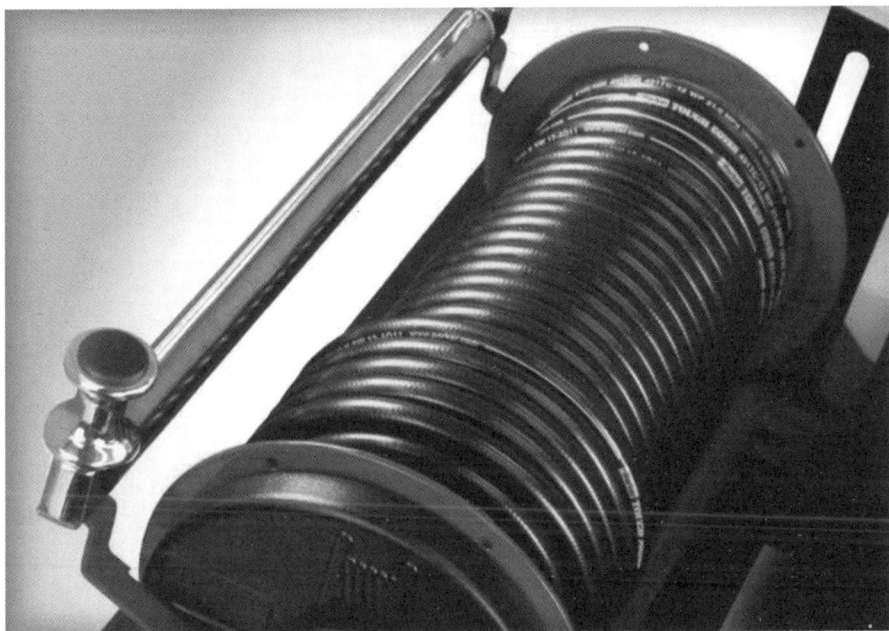

图 3-5-4　超高压水枪的高压软管

超高压水枪属于超高压细水雾灭火系统,其运行原理是产生非常细小的水滴并将其输送到火区。它可配备在集装箱船和需要特殊保护的船舶上。

二、红外热像仪

红外热像仪是一种利用红外热成像技术,通过探测目标物体的红外辐射,并加以信号处理、光电转换等手段,将目标物体的温度分布的图像转换成可视图像的设备。手持式红外热像仪如图 3-5-5 所示。红外热像仪将实际探测到的热量进行精确的量化,以面的形式实时将目标物体的整体呈现为红外热图(如图 3-5-6 所示),以此能够准确识别发热区域。它可以在一定程度上快速、有效地发现隐火,把火灾、危险隐患消灭在萌芽中。红外热像仪在消防工作中有着广泛的应用。

图 3-5-5　手持式红外热像仪

（一）火情侦查

　　红外热像仪可以作为火情侦查时的辅助工具，用于确定火焰中心位置、燃烧程度和蔓延情况。现场消防人员可以通过红外热像仪对火场进行观察，根据得到的信息，火场指挥就可以正确地布置救援力量，有效地进行灭火。红外热像仪在火场中适合侦查火势不是很大，但烟雾很大的环境。

　　1. 判断先起火的房间

　　利用红外热像仪在舱室外对整个火场进行拍照，可以通过对比各个舱室温度的差异，判断出哪个舱室先起火。

　　2. 判断火灾的蔓延方向

　　通过观察走廊、顶棚温度场的热像图，可以判断出热烟气流的流动方向，进而判断火灾的蔓延方向。

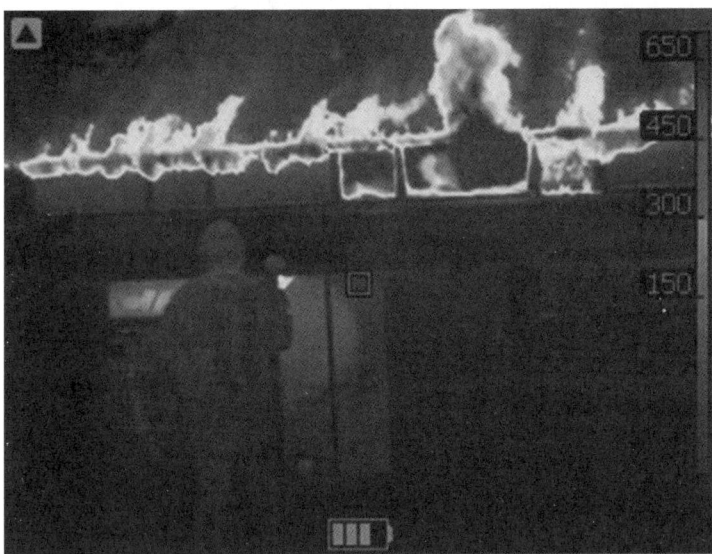

图 3-5-6　红外热像仪屏幕呈现的红外热图

3. 判断起火点

火场中对起火点的判断非常重要。在室内火灾中,温度较高的点往往有以下两个:

第一个是离起火部位较近的墙壁。

第二个是与起火点垂直对应的顶棚。

(二)辅助灭火

舱内灭火时,由于受到火场内烟雾的干扰,消防人员常常无法用肉眼找出合理的行进路线。在这种情况下,红外热像仪能帮助消防人员看透烟雾,制定合理的行进路线,保证消防人员的自身安全。此外,红外热像仪还可以用于辅助消防人员灭火,消防人员通过红外热像仪判断火焰的根部。

(三)确定泄漏位置

液体汽化和气体压力的变化都会吸收周围热量。身着重型防化服的消防人员很难通过肉眼观察到空气中冷凝的水汽或听到"嘶嘶"声,用红外热像仪则可以观察到热量的异常变化,因此可以观察出泄漏位置,为进一步的处理提供依据。

(四)清理火场

红外热像仪也可以帮助消防人员消除复杂火场中的隐藏火源。在最后清理火场阶段,消防人员也可以利用红外热像仪探查发现残余的火源和热源,彻底消灭它们,防止火灾发生复燃。

(五)搜救被困人员

利用红外热像仪可以穿透热烟雾的特点,以及火灾现场被困人员与周围环境存在的温度差,红外热像仪可以显示不同的温度分布图,帮助消防人员在有浓烟的情况下,清晰地发现被困人员,为营救赢得宝贵时间。

在火场中,由于水带里是流动的冷水,在红外热像仪图像中可以很容易被观察到,即使是在烈火浓烟中也非常明显,这可以帮助消防人员在特殊情况下迅速逃生,防止消防人员在火场中迷失方向。

第四章

船舶消防系统

第一节 船舶火灾探测和报警系统

每一艘在航船都是有火灾隐患的,并且无法预测火灾隐患何时会转变成现实的危险,这就需要配备随时可以监测船舶火灾隐患的设备。这个设备就是船舶火灾探测和报警系统。船舶火灾探测和报警系统的功用在于能发现初期火灾,并通过警报及时呼唤人员进行扑救,从而最大限度地减少火灾造成的损失。

按照《国际消防安全系统规则》,船舶火灾探测和报警系统分为两类:一类被称为固定式火灾探测和报警系统;另一类被称为抽烟取样式火灾探测和报警系统。

一、固定式火灾探测和报警系统

固定式火灾探测和报警系统一般安装在驾驶台内。其保护区域主要包括驾驶台,船员生活、服务处所以及机舱等区域。固定式火灾探测和报警系统主要包括控制单元、探测器和手动报警按钮等,其他辅助设备包括电源单元、继电器箱和复示器等。

(一)控制单元

控制单元一般具有火灾报警功能、火灾报警控制功能、系统故障报警功能和自检功能等。固定式火灾探测和报警系统通过和通用紧急报警系统、广播系统的连接,可实现全船多手段报警。

(二)探测器

探测器是火灾自动探测设备,安装于被保护处所。探测器按其敏感元件的反应原理一般分为感温、感烟、感光等。

1. 感温探测器

感温探测器分为定温型、差温型和差定温型三种。

定温型探测器探测因火灾引起的环境温度变化值。当环境温度变化值达到或超过设定温度时,定温型探测器发出报警信号。差温型探测器探测单位时间(通常为 1 min)内,因火灾引起的环境温度变化值(温升率)。当单位时间内,环境变化值达到或超过设定数值时,差温型探测器发出报警信号。差定温型探测器是将定温型和差温型两种探测器结合在一起,兼具差温和定温两种功能。

《国际消防安全系统规则》规定,安装在起居服务处所的定温型探测器应在环境温度超过 78 ℃前报警,但超过 54 ℃之前不报警。通常船舶在生活服务处所安装的定温型探测器的动作报警温度为 60 ℃。另外,船舶还可根据需安装定温型探测器的舱室的环境温度选择不同动作值的探测器。

安装在温升速度较大的处所内(例如干燥间和桑拿房)的差温型探测器应在主管机关认为满意的范围内动作。

现代船舶上应用较多的是差定温型探测器。当舱室温度缓慢变化时,差定温型探测器表现为定温型探测器;当外界温度变化迅速时,差定温型探测器表现为差温型探测器。

2. 感烟探测器

火灾的不同发展阶段具有不同特点,火灾初期最明显的特点是没有明火,但是有烟雾生成。当物体燃烧时,会向空气中散射粒径为 0.1~10 μm 的固体和液体颗粒,这些在空中浮游的颗粒被称为烟雾。粒径不足 0.3 μm 的颗粒不散射光,肉眼看不到;粒径为 0.3 μm 及以上的颗粒则会使光散射,此时肉眼可以看到。在烟雾中,粒径为 0.1~2 μm 的粒子最多。感烟探测器就是探测由燃烧而产生的烟雾颗粒的装置。

感烟探测器分为离子感烟式和光电感烟式两种。《国际消防安全系统规则》规定,安装于船舶梯道、走廊和起居处所脱险通道内的感烟探测器,应在烟密度超过12.5%的每米减光率之前动作,但在烟密度超过2%的每米减光率之前不应动作。离子感烟式探测器应用放射性元素的电离作用,适用于机器处所、配电板顶部、梯道走廊和生活公共处所。光电感烟式探测器应用光电管原理,当一定浓度的烟雾通过光电管时造成光的散射而引发警报。它适用于机器处所、配电板顶部、梯道走廊、生活公共处所、船员和乘客舱室。

3. 感光探测器

感光探测器常用的是紫外线、红外线探测器,它们只感应频率较低的火光中的紫外线和红外线,而对阳光或灯光中的紫外线和红外线不反应。红外线探测器通过滤光器和透镜,将不需要的波长的光线滤去,使入射光照射在光电管或光敏电阻上。红外线探测器对火焰闪烁的感应一般是在 1.5~10 μm 的红外线波长范围内。紫外线探测器利用充有氢气和氦气的紫外光敏管探测火灾发生时的紫外光。紫外线探测器对火焰发出的 0.17~0.3 μm 波长的紫外线辐射敏感。感光探测区域覆盖在机舱主机、锅机、锅炉、分油机、焚烧炉等处,用于明火的探测。

(三)手动报警按钮

手动报警按钮既可作为单独的报警单元,又可作为固定式报警系统的组成部分。值班人员发现火灾而自动灭火系统仍未动作时,按动按钮使报警器动作,向全船报警。手动报警按钮应装在有人出入的通道、走廊、公共处所、驾驶台、机舱内的通道出口。每一层甲板的走廊内,手动报警按钮应该是便于达到的,并且走廊内任何部位与其距离不能大于 20 m。具体安装时按钮应尽可能靠近应急照明,距甲板的高度为 1.4 m。电源单元包括 AC 220 V 的主电源和 DC 24 V 的备用电源。继电器箱用于转送全船报警。复示器用于显示火警和故障警报信息。

上面是传统型(分区型)固定式火灾探测和报警系统的构成。随着航运技术的发展,船舶上已经发展出智能型火灾探测和报警系统。智能型火灾探测和报警系统的结构相较于传统的分区型系统结构更简单,而且其探测器已经发展成为多功能复合型探测器(包括烟温复合型、一氧化碳和差定温复合型等)。这也使得智能型火灾探测和报警系统功能更完善、更可靠。分区型(多线制)船舶火灾探测和报警系统如图 4-1-1 所示。

图 4-1-1　分区型(多线制)船舶火灾探测和报警系统

二、抽烟取样式火灾探测和报警系统

在船舶航行途中,由于船舶的装货处所构成了一个独立的密闭舱室且较少有人员到达,所以多采用抽烟取样式火灾探测和报警系统。抽烟取样式火灾探测和报警系统由集烟器、抽风机与抽风管路、烟雾传感装置(也叫烟雾探测器)、火灾控制和显示装置、报警设备组成。

(一)集烟器

在每一个需要保护的舱室至少装一个集烟器。为了保障集烟器能够充分发挥功能,其安装的间距应该使得舱顶部区域的任何部位距集烟器的水平距离都不超过12 m。不在同一舱室的集烟器不能连接在同一个取样点上。连接在同一取样点上的集烟器不能超过 4 个。

(二)抽风机与抽风管路

抽烟取样式火灾探测和报警系统装有双套抽风机。抽风管路是连接货舱集烟器和烟雾探测装置的固定管路。抽风管路一端连接集烟器,另一端通过三通阀(选择阀)连接烟雾探测装置。集烟器在抽风机的作用下,将货舱的空气样品送到烟雾传感装置。

(三)烟雾传感装置

烟雾传感装置对空气样品进行检测。烟雾传感装置在装置内的烟密度超过6.65%的每米减光率时,就会发出火灾信号。

(四)火灾控制和显示装置

整个系统在控制器的控制下协调工作。控制器位于驾驶室或连续有人值班的中央控制站内。控制器能够将接收和处理完的信息直接显示在控制器的显示装置以及复示器上。

(五)报警设备

控制器可以将烟雾探测装置发出的火警信号,转变成声光信号送到报警装置,实现报警。

货舱抽烟取样式火灾探测和报警系统如图 4-1-2 所示。

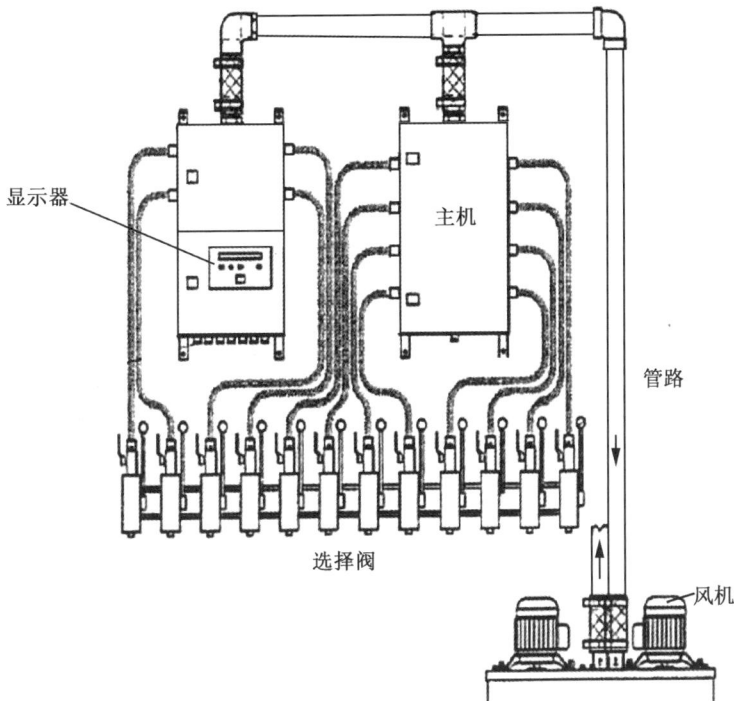

图 4-1-2 货舱抽烟取样式火灾探测和报警系统

第二节 固定式水灭火系统

固定式水灭火系统是船舶最主要、最基本的消防系统,所有船舶均需配备。固定式水灭火系统由消防泵、应急消防泵、消防管系、消火栓、消防水带、消防水枪及国际通岸接头等组成。固定式水灭火系统如图 4-2-1 所示。

一、消防泵

消防泵也叫主消防泵,配置在船舶机舱的底部。根据船舶的类型不同,船舶所配备的消防泵数量也不相同。对于客船,《1978 年海员培训、发证和值班标准国际公约》(International Convention on Standards of Training, Certification and Watchkeeping for Seafarers 1978, STCW 1978)要求船舶至少应配备 3 台独立消防泵;对于货船,至少应配备 2 台独立消防泵。船舶上的卫生泵、舱底泵或通用泵只要不用来驳油,均可作为消防泵。现代化的船舶的消防泵可以在驾驶台、消防控制站、机控室进行启动和关闭操作。

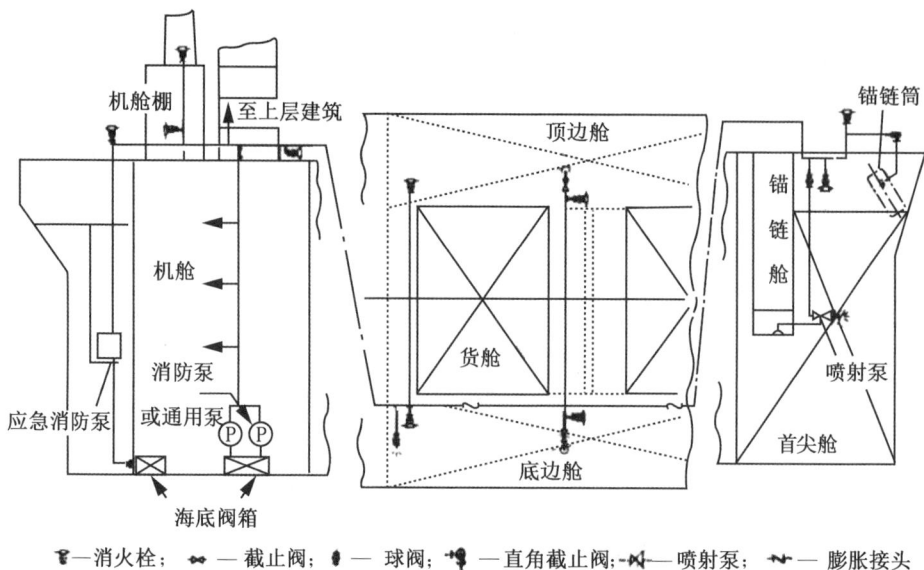

—消火栓； —截止阀； —球阀； —直角截止阀； —喷射泵； —膨胀接头

图 4-2-1 固定式水灭火系统

二、应急消防泵

电动机驱动的应急消防泵应由应急发电机供电；柴油机驱动的应急消防泵，其柴油机应能在 0 ℃ 的冷态条件下进行人力启动，也可采用压缩空气启动柴油机（30 min 内至少启动 6 次）。燃油供给柜内的燃油应供泵在满负荷下运行至少 3 h，储备油柜应供泵在满负荷下再运行 15 h。其排量不小于消防泵总排量的 40%，且在任何情况下应不小于 25 m³/h，并满足压力要求。

三、消防管系

消防管系包括船舶的消防总管和消防支管。消防管系的直径应能有效地分配从两台同时工作的消防泵送来的消防水。消防管系设置了隔离阀，隔离阀用于当机舱失火时，将机舱消防管路从主消防管路中隔离出去。

四、消火栓

消火栓的布置应保证至少能将两股水柱喷射至船上旅客和船员经常到达的任何部位，以及装货处所所在的任何部位。但是其中一股水柱必须有一根水带供水。消火栓的布置应使消防水带易于与消火栓连接。每个消火栓都应配备一根消防水带和一只水枪。消火栓应定期保养加油，保证阀门无泄漏。消火栓的布置如图 4-2-2 所示。

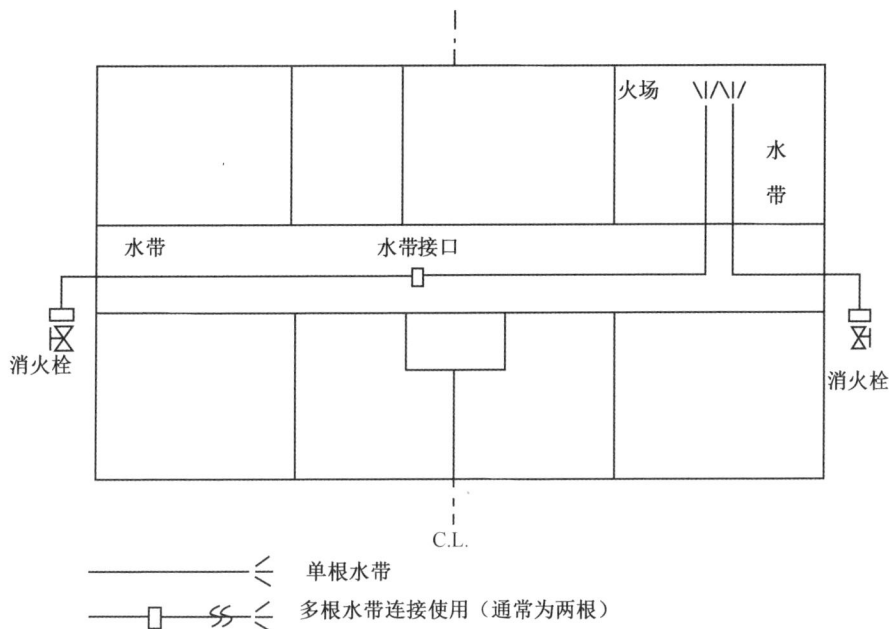

图 4-2-2 消火栓的布置

五、消防水带

消防水带应由认可的材料制成。现代大型船舶通常配备的水带直径为 65 mm。消防水带的长度至少为 10 m,但根据位置不同,消防水带的长度是变化的:

(1)对于配备于机器处所的水带,长度不超过 15 m;

(2)对于配备于其他处所和开敞甲板的水带,长度不超过 20 m;

(3)对于配备于最大型宽超过 30 m 船舶开敞甲板上的水带,长度不超过 25 m。

消防水带的连接方式可以分为互锁式、插入式和管牙式三种,分别以中岛式、町野式和德式为代表,除此之外还有美式、英式、法式和挪威式等。

消防水带的常见连接方式如图 4-2-3 所示。

六、消防水枪

消防水枪是消防人员在灭火时使用的主要工具。消防水枪可以把消防水转化成不同的高速射流,并把这种射流喷射到火场的物体上,达到灭火、冷却或保护的目的。SOLAS 公约要求,船舶所配水枪应为直流、喷雾两用水枪。水枪既可喷射充实水流,又可喷射雾状水流,雾状水流可以吸收大量的辐射热,保护消防人员接近火源,提高灭火能力。雾状水流又可根据角度不同,分为宽水雾和窄水雾两种。消防水枪的使用如图 4-2-4 所示。

图 4-2-3　消防水带的常见连接方式

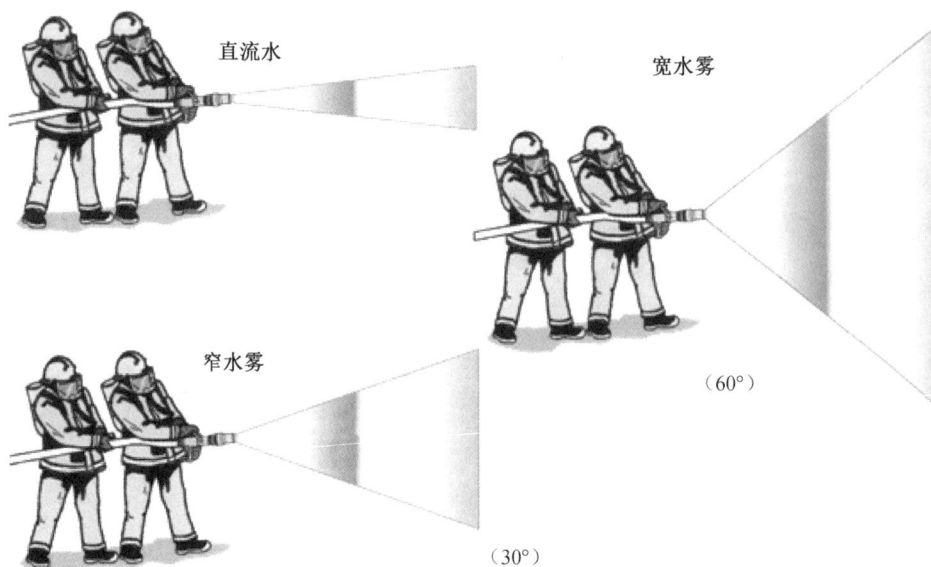

直流水

宽水雾

窄水雾

（60°）

（30°）

图 4-2-4　消防水枪的使用

七、国际通岸接头

　　船上应至少配备有一套国际通岸接头，一般存放在消防站，存放地点应有标识。国际通岸接头主要用于岸上或其他船舶向本船供应消防水，由标准法兰和与船上消火栓接口一致的接口组成。

　　国际通岸接头标准尺寸如表 4-2-1 所示。

表 4-2-1　国际通岸接头标准尺寸

名称	尺寸
外径	178 mm
内径	64 mm
螺栓圈直径	132 mm
法兰槽口	直径为 19 mm 的孔 4 个,等距离分布在上述直径的螺栓圈上, 开槽口至法兰盘的外缘
法兰厚度	至少为 14.5 mm
螺栓和螺母	4 副,每副的直径为 16 mm,长度为 50 mm

国际通岸接头的标准法兰如图 4-2-5 所示。不同接口的国际通岸接头如图 4-2-6 所示。

图 4-2-5　国际通岸接头的标准法兰

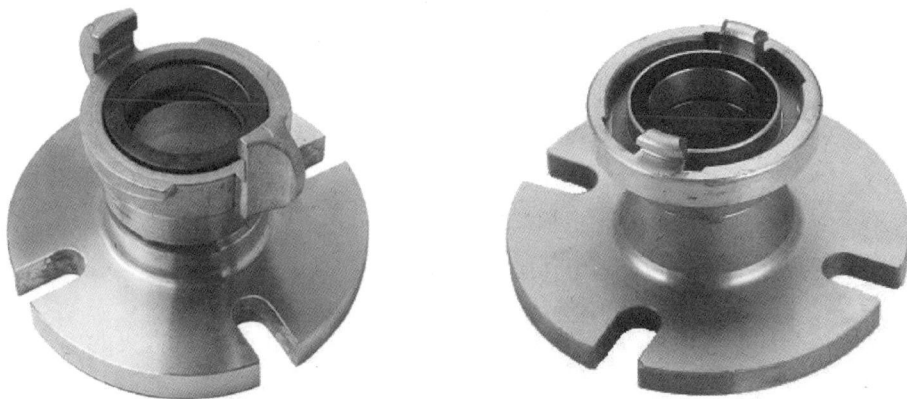

图 4-2-6　不同接口的国际通岸接头

当主消防泵失去作用后,需用应急消防泵给固定式水灭火系统继续供水。应急消防泵一定要设置在机舱区域的外部。应急消防泵有两种驱动方式,即电驱动和柴油机驱动。配备有应急发电机的现代化大型船舶通常采用电驱动方式。

为了保证应急消防泵的可靠性,相关人员应能熟练启动应急消防泵,并应每月检查试验应急消防泵。

第三节　固定式二氧化碳灭火系统

二氧化碳气体是比较传统且性价比较高的灭火介质,除了具有窒息效果和冷却效果外,还具有渗透效果,即二氧化碳灭火剂能渗透到被保护舱室的深处,对舱室深处火灾起到控制作用。固定式二氧化碳灭火系统可用于绝大多数类型的船舶机舱及其他密闭空间,是目前大多数船舶选择配备的主要固定式灭火系统。

一、船舶高压二氧化碳灭火系统

现代船舶上的主流固定式二氧化碳灭火系统是船舶高压二氧化碳灭火系统。船舶高压二氧化碳灭火系统由二氧化碳钢瓶、气动/手动瓶头阀、遥控施放箱、时间延时器、主释放阀、管路、附属仪表和喷头等组成。

目前,国际上通用的是 68 L/45 kg 二氧化碳钢瓶,钢瓶上装有气动/手动瓶头阀。顾名思义,气动/手动瓶头阀既可以实现压缩气体对二氧化碳钢瓶的远程开启,又可以实现在气瓶旁边手动开启。遥控释放箱是实现远程控制的单元设备。遥控释放箱包括两只驱动气瓶、控制阀和微动开关等。驱动气瓶内的压缩气体是开启二氧化碳气动瓶头阀和机舱二氧化碳主释放阀的气源。微动开关主要完成预报警、风切断或风油同时切断等功能。时间延时器的作用是保证主释放阀在二氧化碳钢瓶释放二氧化碳前打开,现在设备生产厂商一般建议延时时间为(30±5)s。主释放阀是机舱和货舱管路上的释放阀,其控制二氧化碳是流向机舱还是流向货舱。管路是用来输送二氧化碳气体的。附属仪表安装在二氧化碳管路上,显示二氧化碳释放时的压力。喷头是二氧化碳的喷射装置,其可以规范二氧化碳的散布路径和面积,提高灭火效率。船舶高压二氧化碳灭火系统原理如图 4-3-1 所示。

二、船舶低压二氧化碳灭火系统

随着大型船舶的出现、被保护舱容的增加,用于扑救上述舱室火灾的二氧化碳重量也成倍增加。为了减轻二氧化碳灭火设备的重量及简化设备与管线的操作,船舶低压二氧化碳灭火系统随之应运而生。通常在二氧化碳需要量达到 10 t 以上时,才采用船舶低压二氧化碳灭火系统。二氧化碳需要量越大,船舶低压二氧化碳灭火系统的优越性也就越显著。

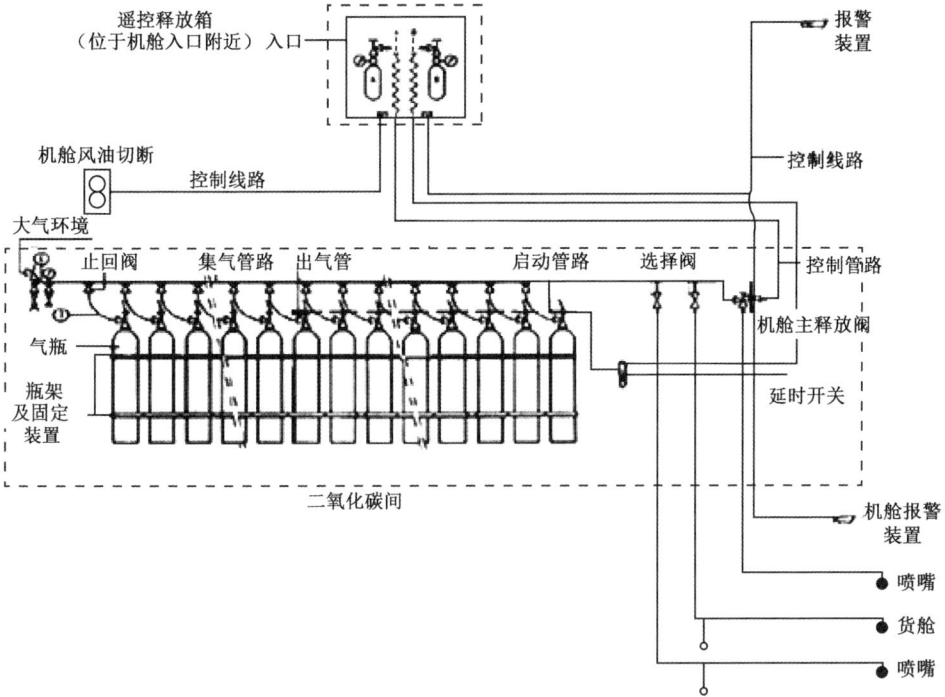

图 4-3-1　船舶高压二氧化碳灭火系统原理

船舶低压二氧化碳灭火系统如图 4-3-2 所示。

图 4-3-2　船舶低压二氧化碳灭火系统

　　船舶低压二氧化碳灭火系统的贮存方式与船舶高压二氧化碳灭火系统的不同。在船舶低压二氧化碳灭火系统中二氧化碳贮存容器为钢质一类压力容器。其能在 2.0 MPa 压力下承受−20 ℃ 的低温。船舶低压二氧化碳灭火系统应由至少两台制冷装置保持在所需的温度,每台制冷装置都能确保所需的贮存条件。贮存容器应包裹厚实的隔热材料,以保证其具有较低的热传导。船舶低压二氧化碳灭火系统具有以下优点:

（1）相较于船舶高压二氧化碳灭火系统,船舶低压二氧化碳灭火系统设备总重量减少50%以上。

（2）船舶低压二氧化碳灭火系统的设备结构及管系简单。

（3）船舶低压二氧化碳灭火系统容器内压力稳定,低压下不易泄漏。

三、固定式二氧化碳灭火系统的使用

配备固定式二氧化碳灭火系统的船舶,船舶的货舱和机舱区域均处于固定式二氧化碳灭火系统的保护之下。但是,对于机舱和货舱等不同处所,该系统的操作流程是不一样的。

（一）扑救机舱火灾

对于机舱失火,按照SOLAS公约,2 min内将所需二氧化碳的85%一次注入。满足这个要求的操作方式只能是遥控释放。遥控释放由操作人员在遥控释放箱处完成。

当机舱火灾发生时,操作人员首先打开遥控释放箱门,激活微动开关,对外发出二氧化碳释放报警信号,用于提醒在机舱内的人员,二氧化碳将要被释放,应立即撤离机舱。在报警的同时,微动开关同时还向其他控制器发出信号,实现风机切断,或风机、油泵同时切断,进而控制主、副机减速,甚至停车。此时,二氧化碳不会被释放。

当操作人员确认机舱内人员已全部撤离机舱,并将机舱封闭后,打开驱动气瓶,气瓶内的气体会自动分为两路,分别打开保护机舱的所有二氧化碳钢瓶的气动释放阀和机舱二氧化碳管路上的主释放阀。主释放阀开启,二氧化碳随即到达。二氧化碳通过主释放阀进入机舱,对机舱火灾进行扑救。

当固定式二氧化碳灭火系统的遥控释放功能无法正常使用时,也可手动释放。手动释放时,可以先将机舱二氧化碳管路上的主释放阀打开。主释放阀打开后,船上二氧化碳释放报警装置发出声光报警。然后,手动将二氧化碳钢瓶上的瓶头阀打开,二氧化碳进入机舱。

（二）扑救货舱火灾

一般情况下,在确认某货舱发生火灾,并确定用二氧化碳扑救后,固定式二氧化碳灭火系统具体操作流程如下:关闭货舱抽烟探测系统风机,将与失火舱室连接的三通阀转到释放位置;撤离人员,封闭着火舱室;打开通往货舱的主释放阀,按舱容手动释放所需数量的二氧化碳钢瓶上的瓶头阀。

在货舱保护区域,由于释放操作时间比较充裕,并且舱容会随着航次变化,所以货舱区域的二氧化碳通常是手动控制释放。但是,在二氧化碳钢瓶配备数量特别多的超大型船舶,由于手动释放时间较长,故也配备了遥控释放方式。

四、固定式二氧化碳灭火系统的使用注意事项

使用大型固定式二氧化碳灭火系统扑救船舶火灾时,应根据燃烧物的不同,释

放不同数量的二氧化碳灭火剂。对于普通货舱,释放二氧化碳的数量应保证其浓度达到失火舱室容积的30%以上,扑救油类火灾时,更需达到舱室容积的40%以上。

如果释放二氧化碳时,舱室内有人员未撤离,未撤离人员会在二氧化碳浓度达到10%时,在几秒钟内死亡。因此在释放二氧化碳气体时,必须确认该处所没有人员存在。为此,对任何经常有人员在内工作或出入的处所,应设有释放二氧化碳灭火剂的自动声响报警装置,该报警装置在二氧化碳灭火剂释放之前至少报警20 s。

《国际消防安全系统规则》第5章固定式气体灭火系统2.2.1.7规定,对于集装箱和普通货物处所(主要是载运多种独立系固或包装的货物),固定管系应可使至少2/3的气体在10 min内被注入该处所;对于固体散货处所,固定管系应可使至少2/3的气体在20 min内被注入该处所。系统控制装置应布置成根据货舱的装载状况允许释放气体总量的1/3、2/3或全部。

第四节 固定式泡沫灭火系统

固定式泡沫灭火系统包括甲板泡沫灭火系统和高倍泡沫灭火系统。

一、甲板泡沫灭火系统

(一)甲板泡沫灭火系统的组成

甲板泡沫灭火系统分为压力定比型、线路定比型、预混合型和压力平衡型。远洋船舶多采用压力平衡型泡沫系统。压力平衡型泡沫系统是分别在消防泵和泡沫泵的驱动下,将泡沫原液和消防水通过比例混合器按设定比例进行初次混合,在管路中形成充分混合的混合液后,再从泡沫枪(炮)喷口高速喷出。混合液在高速喷出时再次吸入空气并形成泡沫。

甲板泡沫灭火系统由泡沫液贮存罐、泡沫液泵、比例混合器、各个控制阀门、管路、隔离阀、泡沫枪(炮)等组成。

甲板泡沫灭火系统的泡沫液贮存罐、泡沫液泵、控制阀门、比例混合器设置在泡沫间。泡沫间位于液货舱区域以外靠近起居处所,以便在被保护区域失火时,人员能易于到达,并易于操作。

为了隔离总管的损坏部分,泡沫总管应装设隔离阀,这些阀应安装在紧接泡沫炮之前的管路上。

泡沫枪(炮)是形成泡沫并输送泡沫的设备。

甲板泡沫灭火系统的泡沫液储备量应满足相关要求,如表4-4-1所示。

表 4-4-1　甲板泡沫灭火系统的泡沫液储备量的相关要求

油船	化学品船
泡沫供给量不得小于下列要求	
按货舱甲板面积每平方米每分钟产生泡沫 0.6 L 计算	按货舱甲板面积每平方米每分钟产生泡沫 2 L 计算
最大水平截面积的货油舱每平方米每分钟产生泡沫 6 L	最大水平截面积的货油舱每平方米每分钟产生泡沫 20 L
不小于 1 250 L/min	不小于 1 250 L/min
至少能产生泡沫 20 min	至少能产生泡沫 30 min

(二)甲板泡沫灭火系统的使用

　　甲板泡沫灭火系统适用于船舶甲板的油类火灾的扑救。甲板泡沫通过泡沫炮和泡沫枪进行布设。油船甲板发生火灾爆炸后的场景如图 4-4-1 所示。

图 4-4-1　油船甲板发生火灾爆炸后的场景

1.泡沫炮的操作方式

　　泡沫炮根据配备的操作部件不同,可实现手动、电控或液控操作,常见的泡沫炮手动操作又包括手柄式和手轮式。手柄式泡沫炮依靠炮身内部转动机构来调节喷管水平和俯仰角度;手轮式泡沫炮依靠炮身内部的蜗轮、蜗杆和俯仰机构分别调节炮管的水平和俯仰角度;电控式泡沫炮是利用电机操纵蜗轮蜗杆机构运动;液控式泡沫炮是利用液压马达和油缸为动力来实现炮管的俯仰和水平回转。手动操作泡沫炮如图 4-4-2 所示。手轮/电控泡沫炮如图 4-4-3 所示。

　　灭火时,通过手柄、手轮或电控、液控等控制元件,调节喷射方向和角度,让泡沫

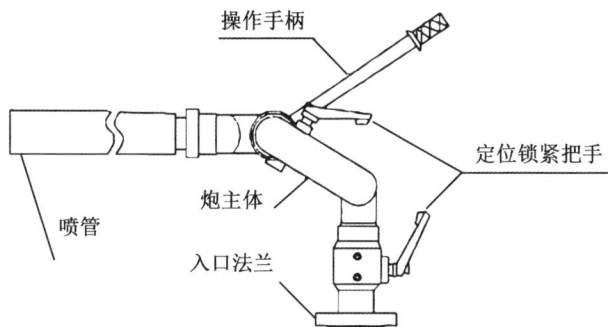

图 4-4-2　手动操作泡沫炮

图 4-4-3　手轮/电控泡沫炮

能够到达燃烧区。

2. 泡沫炮的手动操作步骤

（1）使用泡沫炮，需首先启动消防泵或应急消防泵。

（2）操作人员握好泡沫炮操作手柄（手轮），慢慢开启泡沫炮入口阀门，注意压力表的压力。

（3）松开定位锁紧把手，利用炮体手柄（手轮）调节炮筒的水平和俯仰角度，使泡沫充分覆盖在燃烧物上。

（4）当炮身调至适当位置时，可将定位锁紧把手锁紧，进行定向喷射。

（5）火灾扑救结束后，用清水冲洗整个系统管路。

（6）关闭消防泵组；倾斜炮管并倒出腔内余液，将炮管置于最低位置，并将定位锁锁紧把手锁紧。

3. 泡沫炮的操作注意事项

使用泡沫炮的人员必须进行操作培训并熟悉相关操作规程。

泡沫炮的入口压力不得大于泡沫炮的最大工作压力;使用泡沫炮前,应疏散炮口前所有人员;手动操作泡沫炮时,不得脱把,以免发生危险;操作时应尽量顺风喷射,以增加射程。

注意,泡沫炮对大型火灾有效,但是若要彻底扑灭大型油火,还需泡沫枪的配合。泡沫枪可以对泡沫炮喷射死角的火灾进行扑救。

4. 泡沫的布放方式

第一种布放方式是反弹布放(Bounce off/Bank down)。泡沫灭火需要形成连续、稳定的泡沫层。所以布放泡沫的最好方式为反弹布放,就是利用泡沫炮或泡沫枪,将泡沫液喷射到火场附近的直立面上;泡沫液沿直立面自然流淌蔓延,覆盖燃烧物,达到灭火效果。

第二种布放方式是降落布放(Rain down/Snow Flake)。这种方式有点像下雨。将泡沫炮或泡沫枪的仰角调整至合适的角度,使泡沫液降落至燃烧物的表面,并形成稳定连续的泡沫层,就是降落布放。

第三种布放方式是滚动布放(Roll on/Bank in)。这种方式是调整泡沫炮或泡沫枪的喷射角度,将泡沫液喷射至燃烧物前方的地面或甲板上;泡沫在冲击力的作用下,不断地向前推进,最后形成稳定、连续的泡沫层。

泡沫的三种布放方式如图4-4-4所示。

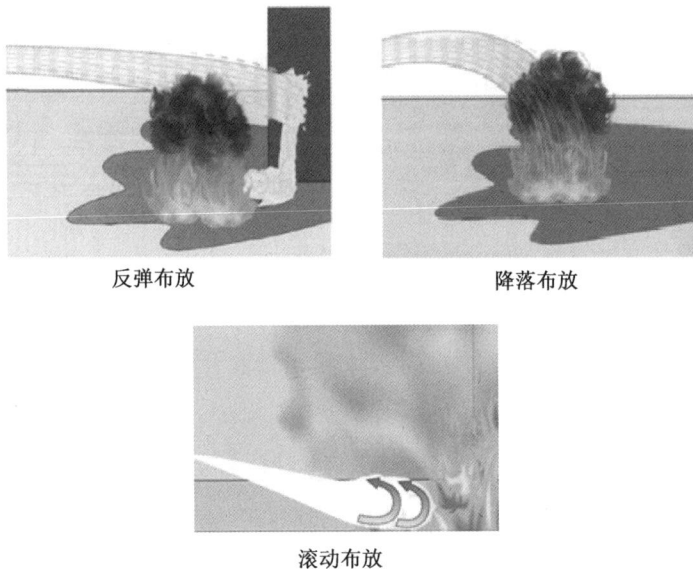

反弹布放　　　　　　　　　　　降落布放

滚动布放

图4-4-4　泡沫的三种布放方式

二、高倍泡沫灭火系统

对于大型空间的保护,高倍泡沫是一种优良的二氧化碳替代品。该系统可用于任何船舶上,特别是当保护区大于 3 000 m³ 时,其成本效益最优。高倍泡沫被广泛应用于保护油船的机舱、泵舱以及部分散货船的机舱。

(一)高倍泡沫的特点

(1)发泡量大。其泡沫的气泡直径一般在 10 mm 以上。发泡倍数一般在 400～800 倍。

(2)易于输送。由于高倍泡沫密度小,所以高倍泡沫有很好的流动性。

(3)有良好的隔热作用。灭火时大量的泡沫不仅会把燃烧物与空气隔开,还会将火床淹没在泡沫层以下。泡沫层可以将热量限制在下边,避免热量散失。高倍泡沫在淹没火场的情况下,也将火场中处于火焰威胁下的人员和设备遮蔽起来。

(4)泡沫本身无毒。因为泡沫中含有大量的空气,所以不会造成被淹人员窒息。

(5)易于清除。高倍泡沫灭火后极易被清除。人工清除时可用排风扇、开花水枪等方法直接消泡,当时间允许时也可采用自然消泡的方式开启门窗及通风孔。泡沫自行消除的速度约为 0.7 m/h 且消除后不留痕迹。

在船舶上,高倍泡沫通常被应用于机舱、泵舱或压缩机间。高倍泡沫中水的含量为 1～5 kg/m³,比低倍泡沫少得多。高倍泡沫不会对人员或环境产生危害,也无须在系统释放前撤空保护区。迅速释放减少了对设备的潜在损害。除灭火效果外,该泡沫还具有冷却效果,能降低复燃的风险。若火势复燃,该系统还能重启。

高倍泡沫灭火系统的缺点在于泡沫可能会渗入敏感电子设备内部,造成设备损害。

(二)高倍泡沫灭火系统的工作原理

高倍泡沫灭火系统是由一个泡沫发生器将 4～7 kg/cm² 压力的水源接入后,经混合器因缩口造成负压,吸入泡沫液或者由泡沫泵输送,高倍泡沫由高倍泡沫发生器产生。该泡沫发生器由风扇、发泡网和喷嘴等组成。当泡沫发生器工作时,能将泡沫液与水的混合液经喷嘴喷成锥形水雾,均匀地喷洒在特制的网或金属孔板(泡沫形成网)上。同时,大量空气在风机吹送下以一定速度流向泡沫形成网,使泡沫在网上形成泡沫液和水的混合液,被吹成直径为 3～5 mm 的泡沫,并在风的作用下使泡沫涌向火场。高倍泡沫直径大于 10 mm,壁厚 0.1 mm,泡沫膨胀率应不超过 1 000：1。

高倍泡沫灭火系统的工作原理如图 4-4-5 所示。

(三)高倍泡沫灭火系统的使用

当固定式高倍泡沫灭火系统被用于扑救舱室火灾时,应在适当位置(舱室高处)预留通风孔道,以保证高倍泡沫注入舱室时排挤出的大量蒸气逸出。人员不宜在预留的通风孔(蒸气逸放处)处滞留,以防被蒸气灼伤。

该系统一般布置在机舱、泵舱等处。该系统泡沫液的贮量必须足以产生 5 倍于被保护的最大处所容积的泡沫。系统启动后,保护舱室会很快充满泡沫。高倍泡沫

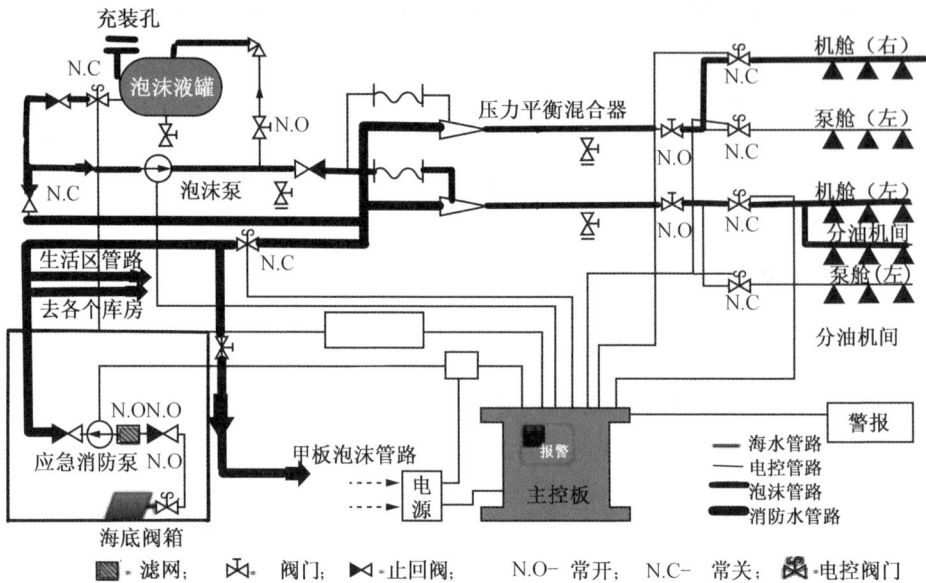

图 4-4-5　高倍泡沫灭火系统的工作原理

可以隔绝火焰,防止火势蔓延到邻近区域。

泡沫产生速度应满足当向最大一个保护处所注入高倍泡沫时,高倍泡沫应满足以 1 m/min 的速度形成泡沫层。

机舱在使用该系统灭火时应先示警,以便人员撤离。

(四)穿越高倍泡沫舱室

1. 穿越高倍泡沫的危险

(1)穿越人员在进入高倍泡沫后,可能会因为照明不足和火场结构的变化,遇到因无法确定位置而迷失方向的危险。

(2)大量的高倍泡沫充满舱室,使得进入的人员淹没在泡沫中,这会使进入人员的视觉受到影响,特别是在船舶失电、没有照明的情况下。即使应急照明设备正常工作,照明灯光也会受到泡沫层的遮挡。

(3)进入高倍泡沫区域后,身边的高倍泡沫也会限制进入人员的听力,使得进入人员无法判断或者根本无法听到周边的声音,包括船舶疏散信号、警告以及求救信号的声音。

(4)随着大量高倍泡沫进入失火舱室,火灾的蔓延受到遏制。如果在高倍泡沫进入前没有确定火灾位置,则此时更加无法确定。如果泡沫层随后被损害,可能会造成火灾复燃。

(5)机舱或泵舱的火灾虽被高倍泡沫控制,但热量依然保持在泡沫层下,如果泡沫层破裂,燃烧物将继续和进入的新鲜空气重新发生氧化反应。此外,在高倍泡沫间的空隙内,也可能充满易燃或爆炸性气体。

（6）在船舶机舱和泵舱，甲板表面会有油类的泄漏。泄漏的油再加上高倍泡沫中的少量水分，会使得高倍泡沫层下面的地板表面非常光滑。

现场指挥人员应了解上述危险，并对危险做出评估，以确定人员是否可以进入。如果经评估可以进入，则确定穿越战术，通常采用双人进出（Two in-Two out）战术。穿越的人员应熟悉舱室的结构，包括所有的进出口、连接通道、撤离路线、通信设备和设备（救生索）的使用方法等。

2. 穿越人员在高倍泡沫中的呼吸

高倍泡沫的密度很小，每立方米的高倍泡沫重 1.5～3.5 kg，大部分为空气，高倍泡沫中水的用量仅为低倍泡沫的 1/20。高倍泡沫中的空气可以支持进入或受困人员的呼吸。

穿越人员，包括在灭火区内未能及时撤离的人员，在泡沫中，可利用口罩或毛巾过滤泡沫，进行呼吸，或者直接将手张开，护住鼻子和嘴，之后进行呼吸，并根据呼吸的感觉调整指缝间距，以便让泡沫在指缝处破裂，使其中的空气进入呼吸道，维持呼吸。

定向搜救（穿越）方法是一种比较科学、合理的技术方法。定向搜救（穿越）方法主要分为左手定向和右手定向穿越方法。定向搜救（穿越）方法是在现场指挥员确定可以通过搜索区域的入口以后，搜救队员进入高倍泡沫区域，沿着充满高倍泡沫舱室的左（右）舱壁行走（爬行），始终保持舱壁在左（右）手边，用舱壁作为搜救方向的参考点。采用上述方法直到搜救完成。

第五节　固定式干粉灭火系统

固定式干粉灭火系统是以氮气为驱动气体，向干粉罐内提供压力，推动干粉罐内的干粉灭火剂通过管路输送到干粉枪和干粉炮并喷出，以达到扑救可燃气体火灾和电气设备火灾的目的。

固定式干粉灭火系统的组成：氮气瓶组、减压阀、干粉罐、启动装置（船上一般为气动启动）、干粉炮/干粉枪、阀门和管系等。固定式干粉灭火系统结构如图 4-5-1 所示。

氮气瓶组是整个固定式干粉灭火系统的动力源。氮气数量由实际使用的干粉进行计算，计算标准为 1 kg 干粉需要 40 L 标准大气压下的氮气进行驱动。国产干粉灭火系统的氮气瓶一般为 70 L，充装压力为 15 MPa。

减压阀能够将 25 MPa 的高压驱动气体减压为 0.5～3.5 MPa 并稳定输出到干粉罐。

干粉罐是中压容器，由罐体、安全阀、入孔（装粉口）、进气口及出粉口等组成。

干粉炮是由耐压铜材和不锈钢制成的，根据要求电动干粉炮可在设计角度内进

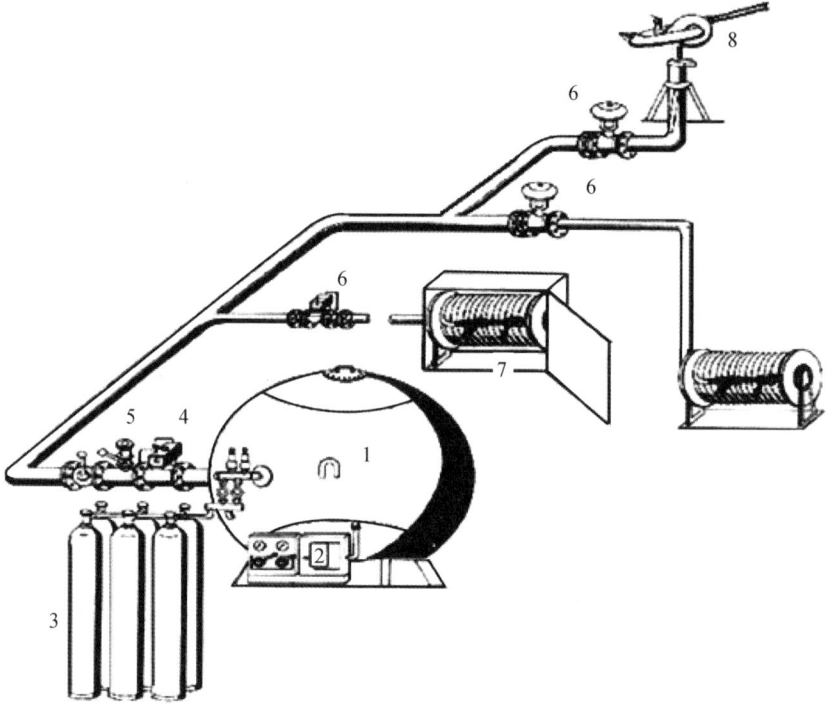

图 4-5-1　固定式干粉灭火系统结构

1—干粉罐;2—控制箱;3—氮气瓶组;4—干粉释放阀;5—测试接口;6—隔离阀;7—干粉枪(包括胶管);8—干粉炮

行仰俯和旋转操作,用于扑救大型火灾。

干粉枪与卷盘连在一起,卷盘中的软管长度可达 33 m,用于扑救残火和小型火灾。

干粉炮和干粉枪的使用方法:

(1)打开干粉炮的闷盖,并检查各个控制手柄是否处于关闭状态。

(2)调整炮身操作手柄,将炮口对准火源。

(3)观察压力表读数,在压力达到规定值时,打开手动出粉球阀,干粉便高速喷出。

(4)喷完粉后应立即关闭出粉球阀和干粉罐进气球阀。

(5)需要使用干粉枪时,取出干粉枪,快速拉出胶管,对准火源,当罐内压力达到规定值时,打开干粉枪的出粉球阀,扣动扳机,便可以灭火。灭火后关闭出粉球阀和干粉罐进气球阀。

喷粉结束后,分别吹扫干粉炮、干粉枪和胶管内的余粉,然后关闭吹扫球阀,将干粉炮、干粉枪和胶管复位。

灭火结束,管路吹扫完毕后,所有的释放球阀处在关闭状态。打开干粉罐放余气球阀,将罐内余气排出,放完后将放余气球阀关闭。最后打开减压阀的放气阀和集散管的瓶头阀,排完气后关闭。固定式干粉灭火系统的终端如图4-5-2所示。

船舶干粉炮的喷射如图4-5-3所示。

船用干粉炮

气动遥控释放箱

图 4-5-2 固定式干粉灭火系统的终端

图 4-5-3 船舶干粉炮的喷射

第六节　　自动喷水灭火系统

自动喷水灭火系统是客船普遍配备的固定消防系统,货船上较少使用。自动喷水灭火系统能延滞失火处所的火灾蔓延,为控制火灾创造条件。

在客船生活服务处所(被保护处所)的舱室顶部布置管路和喷水器,其中充满淡水(设定压力)。当被保护处所内发生火灾并达到某一设定温度时,喷水器便自动开启并以相同的喷水量向四周进行喷水灭火。该系统还具有自动报警功能,喷头自动喷水的同时,能发出声光警报,并指示发生火灾的分区位置,从而能够及时召集船员进行灭火。

自动喷水灭火系统由喷水器水泵、压力水柜、监控装置、管路和喷水器等组成。自动喷水灭火系统如图4-6-1所示。

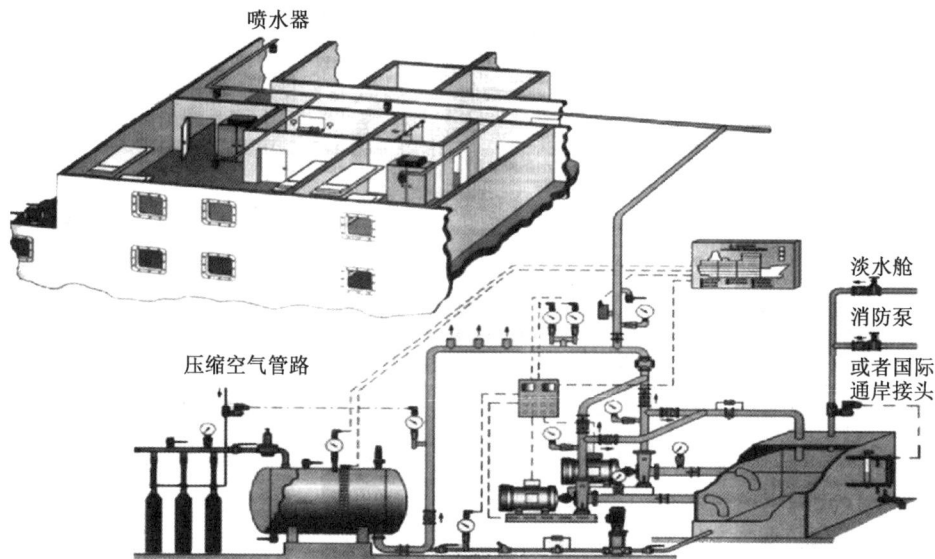

图4-6-1　自动喷水灭火系统

一、喷水器水泵

设置自动喷水灭火系统的船舶应设有1台专供喷水器自动连续喷水的独立的动力水泵。系统的喷水器水泵应符合相应的流量要求,一般喷水器水泵的最小排量应足以在喷水器所需的压力下使覆盖面积达$280\ m^2$以上。喷水器水泵应有2套动力源独立供电。当系统压力下降时,该泵应在压力柜内常备淡水排干之前自动启动,并应布置在被保护处所之外。

二、压力水柜

自动喷水灭火系统中设有 1 个充有淡水和压缩空气的压力水柜。压力水柜的常备淡水量应等于喷水器水泵 1 min 的排量,整个压力水柜的容积至少等于常备淡水量的 2 倍。

三、监控装置

声光信号报警设施安装于客船驾驶室或消防控制站内,声光信号报警设施能显示出火灾区域。

四、喷水器

保护区域被分成若干分区,每个分区的喷水器不应多于 200 只。在起居处所和服务处所的喷水器动作温度为 68~79 ℃。喷水器能够提供其所保护的额定面积不少于 5 L/(min·m²) 的平均出水量。为了保证喷淋效果,喷水器的安装位置应无其他物件遮挡。喷水器和管路如图 4-6-2 所示。喷水器动作控制元件的颜色,表明该喷水器的喷水温度(见表 4-6-1)。表中数据为我国船舶生活服务处所经常使用的喷水器动作温度。

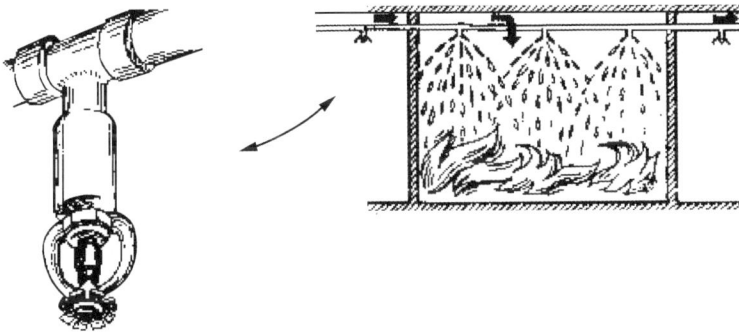

图 4-6-2　喷水器和管路

表 4-6-1　喷水器、公称动作温度和颜色标志

舱室顶部最高温度/℃	玻璃球喷水器		易熔元件喷水器	
	公称动作温度/℃	液体色标	公称动作温度/℃	色标
38	57/68	橙/红	57~77	无须标志
66	79/93	黄/绿	79~107	白
107	141	蓝	121~149	蓝
149	—	紫	163~191	红

（续表）

舱室顶部最高温度/℃	玻璃球喷水器		易熔元件喷水器	
	公称动作温度/℃	液体色标	公称动作温度/℃	色标
191	—	黑	204～246	绿
246	—	黑	260～302	橙
329	—	黑	343	橙

五、试验阀

每一喷水器分区应设有一只试验阀,用以放出相当于一只喷水器正常工作时的出水量,每一喷水器分区均可通过试验阀做人工泄放降压试验。当试验阀被打开后,系统中的水流出,系统中压力降低,此时自动声光信号报警动作,消防泵能自动启动。

常用喷水器如图 4-6-3 所示。

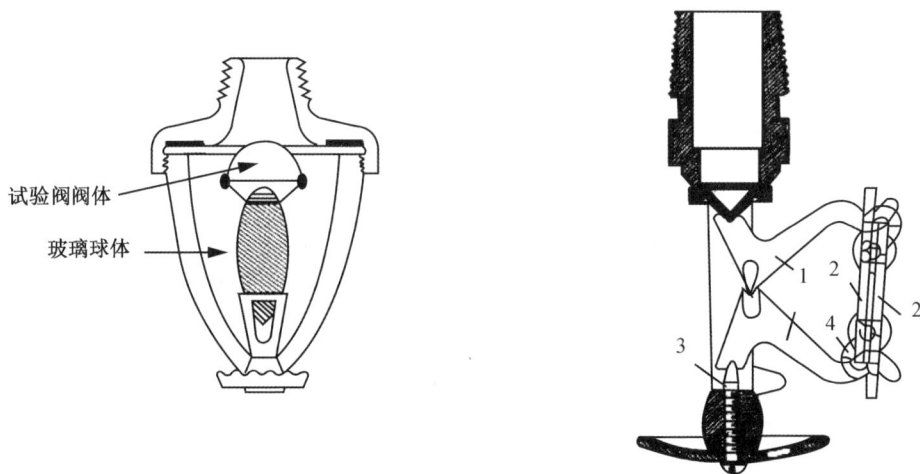

图 4-6-3 常用喷水器

1—易熔合金;2—支撑;3—调节螺丝;4—锁片

第五章

船舶防火

船舶防火有两层含义:其一是防止火灾的发生或降低火灾发生的概率,从火灾形成要素入手,运用良好的管理手段从源头上消除火灾隐患;其二是防止火灾的蔓延和扩散,通过成熟的建造工艺和有效的灭火设备,将火灾控制和消灭在初起阶段。

第一节 船舶常见火灾的原因及区域

为了全面做好船舶的防火工作,所有船员都应充分了解火灾发生的常见原因和区域,使船舶防火工作有的放矢。

一、船舶常见火灾的原因

船舶尺度大,结构复杂,货物种类繁多,引起火灾的原因是多方面的。常见的火灾因素主要表现在以下几个方面。

(一)明火作业

1.电焊

电焊是指利用焊条通过电弧高温熔化金属部件需要连接的地方而实现的一种焊接操作。电弧焊是应用最广泛的焊接方法,因电弧焊使用电源,所以其产生的高温电弧容易引发火灾爆炸,危险性较大。电焊作业如图5-1-1所示。

(1)由于电焊是通过电弧将金属熔化后进行焊接的,焊点的最高温度为6 000~8 000 ℃,熔滴平均温度达到2 000 ℃,碳钢熔池中心温度达到1 750 ℃,容易使焊件另一端接触的可燃物发生火灾。

(2)在焊接作业中,炽热的火星、熔滴和焊渣四处飞溅,遇到易燃物质时,极易引起火灾。

（3）一般焊接作业点与起火部位不在一个立体层面，火灾发生初期不易被发现。

（4）在机舱、油漆间或易燃易爆场所进行电焊作业时，挥发的易燃易爆气体遇电焊火花时容易引起火灾爆炸。

（5）连接电焊机的电源线在操作过程中经常拖曳、磨损，容易造成线路绝缘老化损坏，发生短路，引起周围可燃物发生火灾。

图 5-1-1　电焊作业

2. 气焊与气割

气焊是指利用可燃气体与氧气混合燃烧生成的火焰为热源，熔化焊件和焊接材料使之达到原子间结合的一种焊接方法。

气割是指利用气体火焰将被切割的金属预热到燃点，使其在纯氧气流中剧烈燃烧，形成熔渣并放出大量的热，在高压氧的吹力作用下，将氧化熔渣吹掉的一种切割方法。

在所有的焊、割工艺中，气焊与气割的危险性最大，发生火灾爆炸事故的比例最高，原因如下：

（1）气焊与气割作业所使用的可燃气体乙炔与高温下的氧气的化学性质都很活泼，容易发生燃烧和引起爆炸。

（2）气焊与气割作业所使用的设备、器具（如乙炔钢瓶、氧气钢瓶等），均属于受压或高压容器，设备、器具本身就具有较大的爆炸风险。

（3）气焊与气割作业时火焰温度最高可达 3 000 ℃以上，并伴有高温的熔渣到处飞溅的现象,这些高温熔渣遇到易燃物质时极易引起火灾。

气焊、气割作业如图 5-1-2 所示。

图 5-1-2 气焊、气割作业

(二)电气火灾

电气火灾一般是指由于电气线路、用电设备、器具以及供配电设备出现故障性释放热能,如高温、电弧、电火花,或非故障性释放热能,如电热器具的炽热表面释放热能,在具备燃烧条件下引燃本体或其他可燃物而造成的火灾。在扑救这种火灾时存在触电和爆炸危险,相对其他火灾危害性更大。按起因对电气火灾分类如下:

1.短路

短路是指由电源通向用电设备(也称负载)的导线不经过负载(或负载为零)而直接连接的状态,本质原因是电路或电路中的一部分被短接。短路基本类型有电源短路、用电设备短路和供电三相系统短路,是引起船舶电气设备严重故障和电气火灾的重要原因之一。造成短路的主要原因:电源过电压造成的绝缘击穿;元器件或线路老化造成的绝缘破损;违规操作或乱拉乱接电线;等等。

2.接触不良(或称接触电阻过大)

接触不良是指在线路的连接处因为灰尘等异物或金属产生氧化物而导致线路连接处完全断开,或电阻异常增大,从而使电器或电路不能正常工作。它一般包括以下几种情况:

(1)导线与导线接触不良。在所有接触不良造成的火灾中,线路接头处电阻过大引起的火灾居第一位。电气线路的连接处若存在接点接触松弛的情况,接点间的电压足以击穿空气间隙,形成电弧,迸出火花,点燃附近的可燃物,引起火灾。

(2)导线与电气设备的连接处接触不良。电气设备违反接线方式、连接不牢,或维护保养不良,或长期运行过程中在接头处产生导电不良的氧化膜,或者接头因震动、热的作用等,使连接处发生松动、氧化,造成接触电阻过大,引起火灾。

(3)插头与插座的接插部位接触不良。各种电源,用电设备、装置,照明灯具,电热器具,充电器等插头与插座的接插部位接触松动或接触不良会产生电弧、火花而引起火灾。

(4)导线与开关接线端连接处接触不良。导线与电源和电气设备的自动空气开关或手动刀闸开关接触不良,连接点松动,接触电阻过大,局部过热和产生击穿电弧或电火花,均可引起可燃物起火。

3. 漏电(或称剩余电流)

漏电是指由于绝缘损坏或其他原因而引起的电流泄漏。漏电可能因为有些用电设备采用的电路板有问题,或者某些元件(尤其是电容)有问题,由于电路板受潮、灰尘太多,也会出现漏电的现象。漏电对线路、设备正常使用影响很小,往往容易被忽略,就像水管漏水使局部物质受潮或产生水渍一样,漏电可使局部物质带电,产生电火花、电弧、过热高温等,造成火灾。漏电火灾比起短路等引起的火灾更具隐蔽性,通常是悄悄地发生,失火后也难以找出真正的原因(被短路等假象所掩盖)并防范,因此,这种安全隐患一旦出现,就会使产生电气火灾的风险长期存在。

4. 过载(或称过负荷)

过载是指导线中通过的电流超过了安全载流量。电气设备发生过载现象时由于过电压或过电流在电阻上产生的热量过高,会对金属材料造成破坏性损害,引燃本体或周围可燃物而导致火灾。线路设计得不合理、运行负荷超出设计预期、电机或机械部分出现卡阻等是过载的主要原因。

(三)危险货物

危险货物系指《国际危规》所列的货物,共分为9大类20个小类,其中对船舶防火安全威胁较大的有:第1类爆炸品;第2.1类易燃气体;第3类易燃液体;第4类易燃固体、易自燃物质和遇水放出易燃气体的物质;第5类氧化物质和有机过氧化物;第9类杂类危险物质和物品。

船舶载运的危险货物在装卸或运输过程中,由于积载不当,危险货物的包装或容器破损泄漏等都容易导致火灾的发生。

船舶载运第4.2类易自燃物质,如大宗散装的煤炭、棉花、菜粕等,在运输途中会因通风不良或受潮,导致热量积聚而引起燃烧;一些包装货物如纸张、赛璐珞或磷等化学物质接触热源时也容易引起自燃。

此外,船上甲板工作间或机舱区域浸过油的棉纱、破布,或镁、铝等轻金属的加工碎屑等堆积发热后也容易发生自燃。

(四)静电

静电是一种处于静止状态或者不流动的电荷,通过摩擦引起电荷的重新分布而形成。船舶在任何时间、任何地点都有可能产生静电,要完全消除静电几乎不可能。

当带静电物体接触零电位物体(接地物体)或与其有电位差的物体时都会发生电荷转移,就是我们日常见到的火花放电现象。静电火花可能点燃某些易燃物体而发生爆炸,尤其是油船在进行货物装卸或洗舱时,油在管内流动、油从管口喷出、洗舱水和水蒸气的高速喷射等都会引起静电,大量积聚的静电在充满油气的货舱内放电并产生火花,能瞬间引爆船舶。

(五)生活用火

1. 厨房炉灶

炉灶是船舶必备的烹饪设备,按其使用能源种类主要分为电灶、燃油灶和液化气灶三种。

(1)由于电灶比明火炉灶安全性高得多,所以现代大型船舶厨房多采用电灶。在电灶裸露的加热盘上放置易燃物质,如围裙、食物包装等是引起电灶火灾的常见原因。

(2)燃油灶的工作原理是燃油汽化并加压后进行燃烧,燃油灶头油嘴供应柴油不均衡时容易因产生爆燃而引起火灾。

(3)液化气灶多见于中小型船舶。液化气钢瓶、灶具、减压阀、燃气软管等使用不合格的劣质产品,液化气钢瓶没有固定遮蔽的存储位置,液化气发生泄漏等都是液化气灶燃烧闪爆引起火灾的主要原因。

此外,无论在哪种灶具上烹饪,无人值守引起的干烧或锅内的油脂被加热超过燃点时,都会造成厨房火灾。

2. 吸烟

在装有易燃易爆或粉尘聚集的货舱区域吸烟容易引起火灾爆炸;在可燃物较多的机舱、油漆间、物料间等区域乱扔烟头也非常容易引起火灾;吸烟,尤其是躺在床上吸烟,是船舶起居处所发生火灾的主要原因之一。

二、船舶常见火灾的区域

(一)甲板火灾

甲板火灾地点主要包括物料间、油漆间、氧气乙炔间和甲板上装载的危险货物等。

(二)机舱火灾

机舱火灾地点主要包括主机、辅机、分油机、锅炉、焚烧炉、烟道、扫气箱和配电板等。

（三）起居处所火灾

起居处所火灾地点主要包括厨房、洗衣间、船员和乘客住舱、客船的娱乐处所等。

（四）货舱火灾

货舱火灾主要包括：装载易自燃货物的固体散货船货舱、装载危险品货箱的集装箱船货舱、装载油类和化学品的液货船货舱、装载液化石油气和液化天然气的气体运输船货舱，以及装载车辆和货物的滚装船货舱等。

第二节 船舶防火的基本原则

根据燃烧基础理论，可燃物、助燃物和点火源三个条件必须同时具备且相互作用，燃烧才能发生。防火和灭火的基本原理是基于对燃烧条件理论运用的结果，防火原理在于限制燃烧条件的形成，灭火原理则是破坏已触发的燃烧条件。

一、控制可燃物

船上的可燃物众多，分布区域广泛，控制可燃物是船舶防火的根本。在条件允许的情况下，控制可燃物的做法通常有以下几种：

（1）以不燃材料代替可燃材料，如客船和货船起居处所的装饰、生活器具等。

（2）降低可燃物（通常指可燃气体、粉尘等）在空气中的浓度，如在货舱和机舱采取全面通风或局部排风的措施，使可燃物不易积聚。

（3）将可燃物与化学性质相抵触或容易引起火灾的其他物品隔离保存，如油漆、稀释剂、凝固剂等固定存放在船舶油漆间内；机舱的滑油和添加剂等也都存放在固定位置。

（4）为使用可燃气体或可燃液体的机器设备及其管系安装速闭阀。

（5）防止出现"跑、冒、滴、漏"现象。

二、隔绝助燃物

作为主要助燃物的氧气几乎是无处不在的，为此船舶需要采取一些主动措施去隔绝空气：

（1）按照国际公约和国内法规的要求，船上通风设备应装有可靠的、能迅速动作的关闭装置，一旦发生火灾，可遥控或手动切断通往火灾处所的通风。

（2）在油船上采用惰性气体保护系统来保护货油舱及输油管系；燃油或滑油舱室在检修焊补（明火作业）前，用惰性介质置换等。

（3）氧化物和过氧化物也属于助燃物，船舶在运输氧化物和过氧化物时，一定要注意与其他易燃易爆货物按照隔离要求装载。

三、控制点火源

可燃物在营运中船舶上的存在不可避免,作为最常见助燃物的氧气也几乎无处不在,所以船舶防火的关键是对点火源进行控制,如对机舱设备的热表面进行隔热包扎,给高温高压容器设置安全阀,使用无火花和静电消除设备,罗经甲板设置避雷装置等。

第三节 船舶的主动防火和被动防火

一、船舶主动防火的措施

船舶主动防火的措施是指防止火灾发生和早发现早消灭的措施。其目标是不着火或者着小火。这样可以有效地降低火灾发生的概率,减少发生的起数。它包括安装火灾探测和报警系统、局部灭火系统、移动式灭火器和固定式灭火系统、通风控制系统和实行防火巡逻制度等。

(一)火灾探测和报警系统

火灾探测和报警系统分为固定式火灾探测和报警系统、抽烟取样式火灾探测和报警系统,能实时监测船舶的火灾隐患,发现初期火灾时能通过声光报警并呼唤人员及时进行扑救。固定式火灾探测和报警系统主要用于保护起居处所和机舱,抽烟取样式火灾探测和报警系统主要用于保护货舱。

(二)局部灭火系统

局部灭火系统包括水喷淋系统、高压细水雾系统、局部二氧化碳灭火系统等,能在不封舱、不停船、不撤离人员的情况下对局部火灾进行控制和扑救。

(三)移动式灭火器和固定式灭火系统

移动式灭火器包括各类手提式灭火器、推车式灭火器,固定式灭火系统包括水灭火系统、二氧化碳灭火系统、泡沫灭火系统和干粉灭火系统。无论火灾处于何种发展阶段,它们都是灭火的主要工具。

(四)通风控制系统

通风控制系统主要包括空调系统、自然通风和机械通风。一旦船舶发生火灾,可使用遥控或手动方式,通过防火挡板或防火闸等,控制或切断火灾处所的通风。

(五)防火巡逻制度

防火巡逻制度是一项重要的船舶防火安全措施,能作为一种有效的方式来探测和确定火灾位置,并向驾驶台发出警报。每艘船都应根据本船的具体情况建立防火巡逻制度。

防火巡逻时,驾驶台或机舱值班人员按照甲板或机舱防火巡逻路线图中规定的路线,对甲板区域或机舱区域各部位进行循环检查,并将巡逻检查的结果记录在防火巡逻记录表内,每班至少进行一次。

应为每名消防巡逻人员配备双向便携式对讲机,值班人员在防火巡逻中能及早发现和报告船上的火灾隐患或火情,并迅速采取相应的有效行动和措施,消除火灾隐患或控制火灾蔓延。

船舶应对每名消防巡逻员进行培训,使其熟悉船舶的布置以及可能需要由他使用的任何设备的位置和操作方法。

货船甲板防火巡逻路线如图 5-3-1 所示。

图 5-3-1　货船甲板防火巡逻路线

二、船舶被动防火的措施

船舶被动防火的措施是指提高或增强船舶构件或材料承受火灾破坏能力,防止火灾扩大和增强疏散能力的措施。目标是将火灾及损失控制在较小范围,防止毁灭性灾难。它包括合理确定防火间距,提高船舶结构的耐火等级,设置防火分区、防烟分区和安全疏散通道等。

(一)进行耐火分隔

1. A 级分隔

它是指由符合下列标准的舱壁与甲板所组成的分隔:

(1)用钢或其他等效的材料制成。

(2)有适当的防挠加强。

(3)用认可的不燃材料隔热,使之在下列时间内,其背火一面的平均温度较初始温度升高不超过 140 ℃,且在包括任何接头在内的任何一点的温度较初始温度升高不超过 180 ℃:

"A-60"级 60 min;

"A-30"级 30 min;

"A-15"级 15 min;

"A-0"级 0 min。

(4)其构造应在 1 h 的标准耐火试验至结束时能防止烟及火焰通过。

(5)主管机关已要求按《国际耐火试验程序规则》对原型舱壁或甲板进行一次试验,以确保满足上述完整性和温升的要求。

2.B 级分隔

它是指由符合下列标准的舱壁、甲板、天花板或衬板所组成的分隔:

(1)用认可的不燃材料制成,且"B"级分隔建造和装配中所用的一切材料均为不燃材料,但并不排除可燃装饰板的使用,只要这些材料符合相应要求。

(2)具有的隔热值使之在下列时间内,其背火一面的平均温度较初始温度升高不超过 140 ℃,且在包括任何接头在内的任何一点的温度较初始温度升高不超过 225 ℃:

"B-15"级 15 min;

"B-0"级 0 min。

(3)其构造应在标准耐火试验最初的 0.5 h 结束时能防止火焰通过。

(4)主管机关已要求按《国际耐火试验程序规则》对原型分隔进行一次试验,以确保满足上述完整性和温升的要求。

3.C 级分隔

它是指用认可的不燃材料制成的分隔,不必满足防止烟和火焰通过以及限制温升的要求。它允许使用可燃装饰板,只要这些材料满足要求。

(二)建立主竖区和水平区

1. 主竖区

主竖区系指由 A 级分隔分成的船体、上层建筑和甲板室区段,其在任何一层甲板上的平均长度和宽度一般都不超过 40 m。为使主竖区的端部与水密分舱舱壁相一致,或为提供一个长度伸及主竖区全长的大型公共处所,主竖区的长度和宽度最大可延伸至 48 m,但在任一层甲板上主竖区的总面积不应大于 1 600 m²。

载客超过 36 人的客船的船体、上层建筑和甲板室应以"A-60"级分隔分为若干主竖区;载客不超过 36 人的客船在其起居处所和服务处所的船体、上层建筑及甲板室应以 A 级分隔分为若干主竖区。

一旦任何一个主竖区因失火而无法使用,下列系统的布置与分隔应能确保至少维持运行 3 h:

(1)消防总管;

(2)内部通信(支持乘客和船员通知与集合所要求的灭火工作);

(3)外部通信;

（4）可转移消防水的舱底水系统；

（5）脱险通道、集合站和救生设备登乘站的照明；

（6）应设有撤离引导系统。

客船主竖区示意图如图 5-3-2 所示。

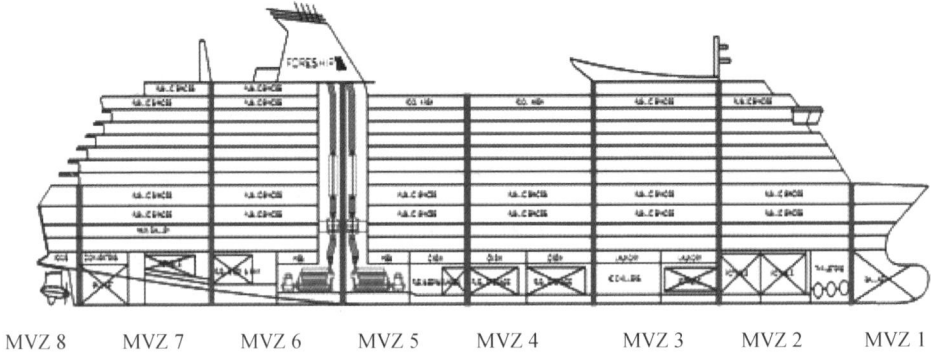

图 5-3-2 客船主竖区示意图

2. 水平区

水平区是指在某一主竖区内以水平 A 级分隔，再分为若干区域，为在船上设有喷水器系统区域与未设有喷水器系统区域之间提供适当屏障的结构。

为特殊用途而设计的船舶，例如汽车或铁路车辆渡船、滚装船、客船的车辆处所内，按照一般建造规范划分主竖区可能不切实际，为了不影响船舶预期的用途，经主管机关专门认可，可在此类处所基于水平区的概念通过配备有效的固定式灭火系统，获得能控制和限制火灾的等效代替装置。

滚装船水平区示意图如图 5-3-3 所示。

（三）设立脱险通道

船舶设立脱险通道的目的，是保证船上人员能够安全、迅速地撤向救生艇和救生筏登乘甲板。为此，船舶应满足下列功能要求：

（1）应提供安全的脱险通道；

（2）脱险通道应保持安全状况，无障碍物；

（3）应提供其他必要的辅助逃生设施，确保其易于到达、标志清晰，其设计能满足紧急情况需要。

一般要求船舶应为所有处所或处所群至少提供 2 条彼此远离并随时可用的脱险通道，并且不得将升降机视为脱险通道。

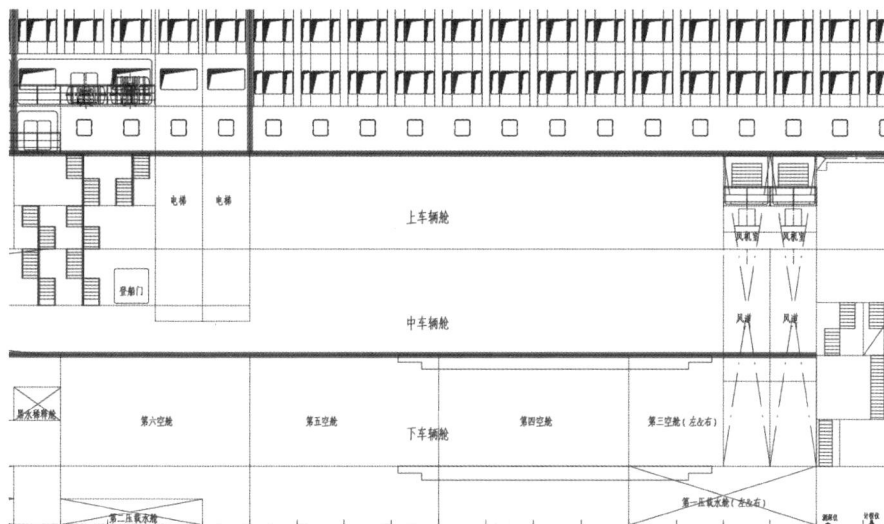

图 5-3-3　滚装船水平区示意图

1.控制站、起居处所和服务处所的脱险通道

(1)客船的脱险通道

①舱壁甲板以下处所的脱险通道

在舱壁甲板以下,每一水密舱或类似的限界处所或处所群,应设有2条脱险通道,其中至少1条应独立于水密门。在特殊情况下,如果所要求的脱险通道独立于水密门,主管机关可对只是偶尔进入的船员处所免除其中1条脱险通道。如果主管机关免除了其中1条脱险通道,则剩下的唯一脱险通道应能提供安全逃生。但是,梯道的净宽不得小于800 mm,且梯道两侧须设有扶手。

②舱壁甲板以上处所的脱险通道

在舱壁甲板以上,每一主竖区或类似的限界处所或处所群,应至少设有2条脱险通道,其中应至少有1条通往形成垂直脱险通道的梯道。

③脱险通道的标志

包括梯道和出口在内的脱险通道应在脱险通道各点(包括拐弯和交叉处),用位于甲板以上不超过300 mm的照明或荧光条指示装置予以标示。此标示必须使乘客能够辨认脱险通道并易于识别脱险出口。如果使用电力照明,应由应急电源供电,并应布置成当任何单个灯出现故障或一个照明条被切除时都不会导致标示失效。此外,脱险路线的标志和消防设备位置的标识应采用荧光材料或照明标识。

④构成脱险通道组成部分的通常闭锁的门

居住舱室和特等客舱的门应不用钥匙即可从舱室内打开。沿着任何指定的逃生路线朝逃生方向运动时,途中的任何门也都应不用钥匙即可打开。

通常闩扣着的公共处所通往脱险通道的门应装有快速松开装置。这种装置应由一个门闩机构组成并带有朝逃生方向一推即松开栓销的装置。

客船起居处所脱险通道如图 5-3-4 所示。

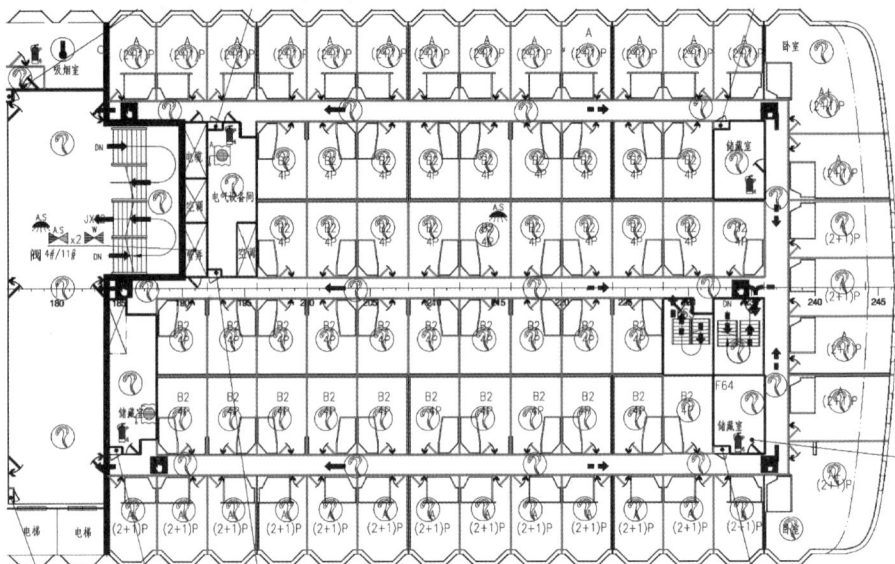

图 5-3-4　客船起居处所脱险通道

（2）货船的脱险通道

①在起居处所的各层,从每一限界处所或处所群应至少有 2 条彼此远离的脱险通道。

②在最低开敞甲板以下,主要的脱险通道应为梯道,次要的脱险通道可为围阱或梯道。

③在最低开敞甲板以上,脱险通道应为梯道或通往开敞甲板的门或两者的组合。

④不允许设有长度超过 7 m 的端部封闭的走廊。

（3）紧急逃生呼吸装置

①所有船舶应在起居处所内配备至少 2 套紧急逃生呼吸装置。

②所有客船的每一主竖区应配备至少 2 套紧急逃生呼吸装置。

③所有载客超过 36 人的客船,还应在至少 2 套的基础上为每一主竖区增配 2 套紧急逃生呼吸装置。

④船上应存有备用紧急逃生呼吸装置。

货船起居处所脱险通道如图 5-3-5 所示。

2. 机器处所的脱险通道

（1）客船的脱险通道

①舱壁甲板以下处所的脱险通道

如果机器处所位于舱壁甲板以下,2 条脱险通道应为下述两者之一:

一条是由两部尽可能远离的钢梯通到处所(机舱)上部同样远离的门,从该门到

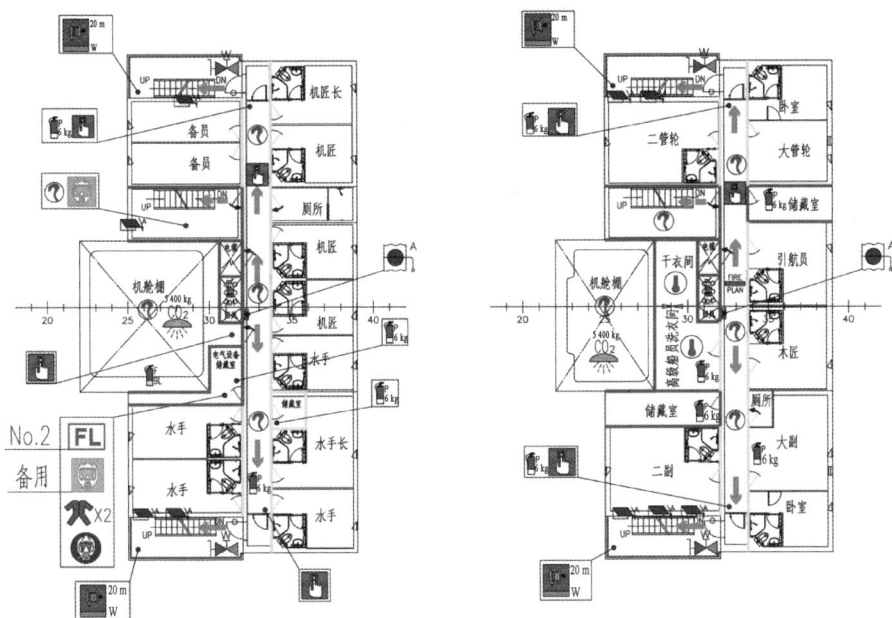

图 5-3-5　货船起居处所脱险通道

救生艇筏的登乘甲板(货船要求至少到达开敞甲板)应有通道。其中一部梯子的通道应有钢质连续防火遮蔽,其下端应设有自闭式门。

另一条为一部钢梯引向上部的一扇门,从该门可以通往登乘甲板。此外,在该处所下部远离钢梯处设有一扇能从两面开关的钢质门,由该门到登乘甲板有安全脱险通道。

②舱壁甲板以上处所的脱险通道

如果处所位于舱壁甲板以上,2条脱险通道应尽可能彼此远离,且在该脱险通道的门处应设有通往相应救生艇和救生筏登乘甲板的通道。如果该脱险通道需设梯子,这些梯子应为钢质。

小于1 000总吨的船舶,可免除其中1条脱险通道;1 000总吨及以上的船舶,只要任何此种处所(包括通常无人值班的辅机处所)有1扇门或1部钢梯可提供抵达登乘甲板的安全脱险通道,就可免除其中1条脱险通道。在舵机处所,如果应急操舵位置位于该处所,就应提供第二条脱险通道,但该处所设有直接通向开敞甲板通道者除外。

③机器控制室的脱险通道

位于机器处所的机器控制室应设有2条脱险通道,其中至少1条能提供通往机器处所外部安全位置的连续防火遮蔽。

客船机器处所脱险通道如图5-3-6所示。

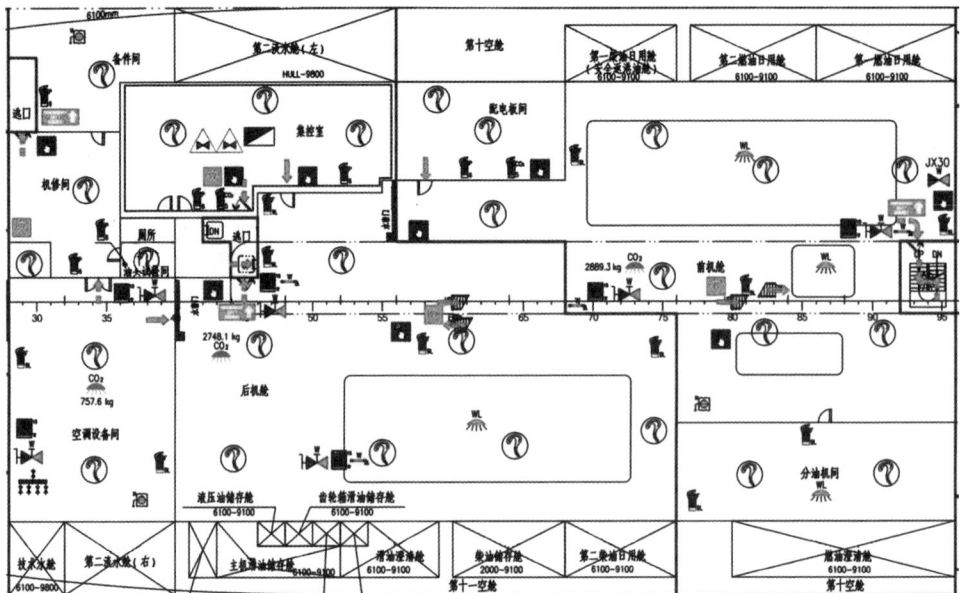

图 5-3-6　客船机器处所脱险通道

（2）货船的脱险通道

①A 类机器处所的脱险通道

A 类机器处所均应设有 2 条脱险通道,特别是应符合下列规定之一:

2 部彼此尽可能远离的钢梯通往该处所上部彼此类似远离的门,从门至开敞甲板设有通道。其中 1 部钢梯应位于受到保护的环围内,并从其所在处所的下部通到该处所以外的安全位置。在该环围内应设有达到相同耐火完整性标准的自闭式防火门。钢梯的安装方式应使热量不能通过未隔热的固定点传入该环围内。该环围的最小内部尺寸应至少为 800 mm×800 mm,并应设有应急照明。

1 部钢梯通往该处所上部的 1 扇门,从该门至开敞甲板设有通道,此外,在该处所下部远离上述钢梯的位置应设有 1 扇能从每侧操作的钢门,由此门可进入从该处所下部通往开敞甲板的安全脱险通道。

小于 1 000 总吨的船舶可免除所要求的 2 条脱险通道之一。此外,A 类机器处所的脱险通道不必符合防火遮蔽的要求。在舵机处所,如果应急操舵位置位于该处所,则应提供第二条脱险通道,但该处所设有直接通向开敞甲板通道者除外。

②A 类以外机器处所的脱险通道

A 类以外机器处所应设有 2 条脱险通道,但对于只是偶尔进入的处所和到门的最大步行距离为 5 m 或以下的处所,可以接受单条脱险通道。

货船机器处所脱险通道如图 5-3-7 所示。

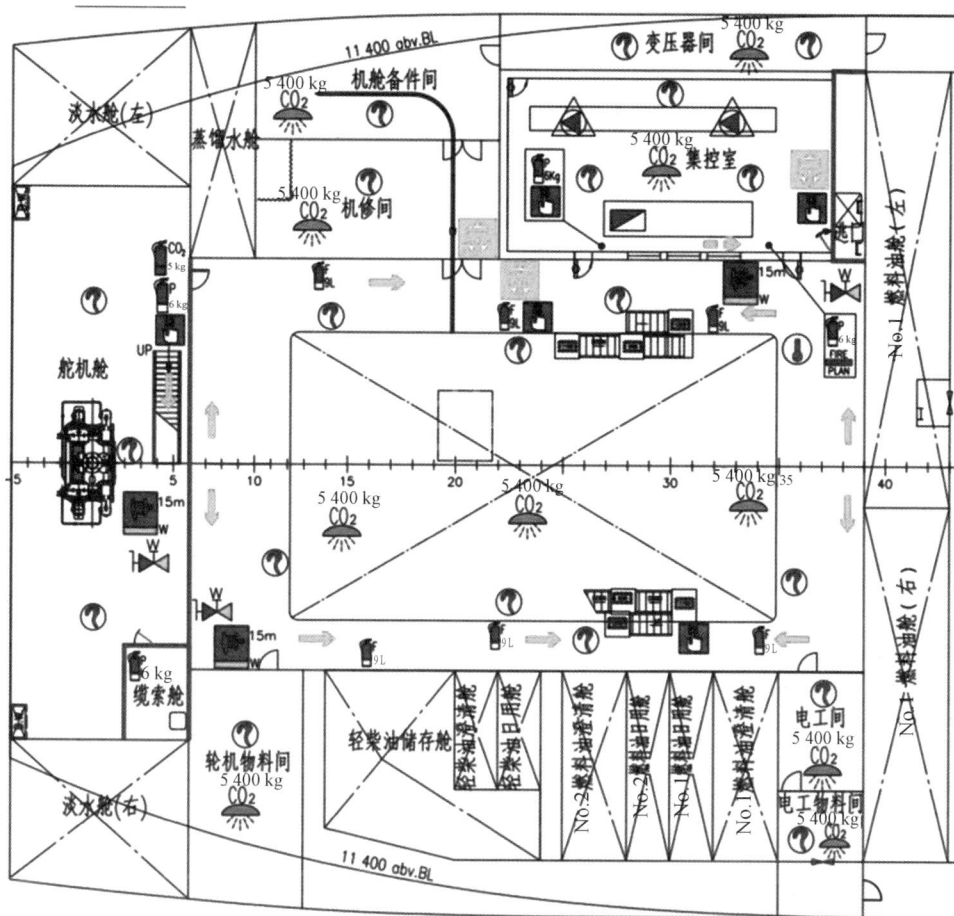

图 5-3-7　货船机器处所脱险通道

（3）紧急逃生呼吸装置

在所有船上的机器处所内，紧急逃生呼吸装置均应位于易于看到的位置，随时可用。在发生火灾时，这些位置应能随时迅速和容易到达。紧急逃生呼吸装置位置的确定应考虑到机器处所的布置和通常在该处所工作的人员数量。

这些装置的数量和位置应在防火控制图中标出。

3. 客船特种处所和所载任何乘客均能进入的开式滚装处所的脱险通道

在客船特种处所和所载任何乘客均能进入的开式滚装处所，应设有通往脱险通道的专用走道，宽度至少为 600 mm。车辆的停车布置应使该走道在任何时候都畅通无阻。通常有船员工作的机器处所的脱险通道，其中之一应避免直接通向任何特种处所。

4. 滚装处所的脱险通道

通常有船员在内工作的滚装处所应至少设有 2 条脱险通道。脱险通道应能安全通向救生艇和救生筏登乘甲板,并位于该处所的前后两端。

第四节　日常防火

船舶消防安全工作贯彻执行"预防为主、防消结合"的方针。实行防火安全责任制:船长为船舶防火责任人,对船舶防火安全负全面责任;大副、轮机长对其部门防火安全负责;船员对其工作场所和居所防火安全负责。船长和部门长负责对船员进行遵章守纪、消防安全的宣传教育,按时组织消防演习和消防培训,以提高船员的消防知识、灭火技能和安全防范意识。

一、日常防火概述

(1)建立防火巡逻制度,制定巡逻路线图并在驾驶台张贴,每班至少按路线巡逻检查一次。

(2)禁止在货舱甲板、物料间、机舱等禁烟场所吸烟;禁止躺在床上吸烟;禁止抽游烟;烟头、火柴杆必须放在注水烟缸里;禁止向舷外乱丢烟蒂。

(3)航行中不得锁门睡觉。

(4)船舶应在货舱、机舱、油漆间、电瓶间、氧气乙炔间等禁烟场所设立明显禁烟标志。

(5)应使用不燃垃圾桶,四周不得开口;机舱垃圾桶必须有盖,及时清除垃圾,以防自燃;废弃的油渍棉纱、抹布不得乱扔,应放入指定的容器中。

(6)船员不得私存、私放易燃易爆物品,船用油漆等易燃、易爆液体应存放在专用油漆间,不得存放在其他场所。

(7)人员离开居住室、工作场所应随手关灯;禁止使用任何物品遮盖电灯;禁止在电热器具上烘烤衣物。

(8)船舶禁止燃放烟花爆竹;禁止摆弄救生信号。

(9)提高警惕,加强防范,发现火险隐患要及时报告;发现违章行为,人人有责任制止。

二、明火作业安全规定

(一)明火作业的基本条件

(1)明火作业操作者必须经过专业培训并持有特种作业合格证书。

(2)明火作业前,现场负责人和部门长确认符合环境条件要求,施工现场已清除易燃易爆物品。

(3)明火作业前,检测确认作业场所可燃气体浓度不大于爆炸下限的1%,相对风速小于13.8 m/s。

(4)明火作业前,必须对作业现场进行清理,查明作业面、管道背面及四周情况,确认无易燃易爆物品。

(5)在隔热舱壁或间隔板上进行明火作业前,必须拆除距焊割边缘0.5 m内的一切可燃物。如因结构原因无法拆除,应采取足够有效的安全措施。对0.5 m以外的可燃物,应采取防止焊割热传导的措施及有效遮盖。

(6)备妥足够有效的消防器材,并处于随时可用状态,同时应有防止火花扩散的安全措施。

(7)可以拆除的管子等机件应移至电焊间或安全地点焊补,对无法拆除的油管、污水管等应进行有效清洗,使管内可燃气体浓度不大于爆炸下限的1%,或拆开管子两端接头进行有效隔堵。

(8)燃油、滑油、污油舱(柜)以及与其相连通且无法拆卸的管系,明火作业前必须清除舱内油、气,并进行测氧测爆。测爆合格的舱室或处所明火作业必须在4 h内完成,否则应重新测爆认可,作业前和作业中应有专人对施工区域及有影响的处所,随时复测可燃气体浓度。

(9)明火作业的相关设备质量必须符合要求,使用前必须确认设备技术状况良好。

(10)明火作业时,必须派对船舶结构有一定了解并熟悉明火作业安全知识的看火员对现场及周围区域进行监护。

(11)明火作业完毕后,必须彻底清理现场,现场看火员在确认无残留火种后方可撤离。

(12)明火作业结束后,为防止发生复燃,看火员撤离后,还应指定船上值班人员定时对作业处所进行巡检。

(二)禁止进行明火作业的情形

(1)对明火作业地点考查后确认不符合安全条件的,或无法进行考查并对其能否保证安全有怀疑的。

(2)进行加油、涂刷油漆等有火灾危险的工作场所。

(3)盛有或残存易燃易爆油或气的容器和管道,未经泄压至正常气压的压力容器。

(4)正在装卸易燃易爆危险货物或产生易燃易爆粉尘货物的船舶。

(三)明火作业的审批

(1)船舶在港口需要进行明火作业时,必须向主管机构报备。

(2)明火作业仅限审批获准项目,不得擅自扩大明火作业范围,或超过作业时限。

(3)船舶在港口以外水域进行明火作业时,部门长提出申请,经船长确认符合安全作业条件并批准后,方可进行。

三、电气设备的安全使用

（1）电水壶、电暖瓶等器具使用时不得离人。确保厨房热水炉自动补水功能良好，如不具备自动补水功能，应及时手动补水，禁止干烧。

（2）禁止使用移动式明火电炉（封闭式电炉仅限工作使用）。

（3）任何可移动的灯具（如居室台灯、保安灯和货舱灯）不再使用时，必须切断电源。

（4）禁止船员携带和使用电热餐具、电热器具。严禁私自拉接电源线。

（5）船舶配备的电视机、洗衣机、烘衣机、冰箱和微波炉等电气设备，应使用专用插座或另接专线。

（6）各类电源线头必须进行绝缘包扎，不得暴露，以防不测。

（7）室外各类照明灯具和插座应保持水密，防止因上浪、下雨等致使电线短路而引发火灾。

（8）定期检测各类动力、电力、电器绝缘状况，尤其是锚机、绞缆机、舷梯、克令吊等设备的马达，必要时用烘烤灯具对马达进行驱潮。驱潮时烘烤灯具必须固定良好，灯具四周避开易燃物，防止因船舶摇晃或震动引起火灾。

（9）机舱配电板和其他处所配电箱四周应配备绝缘地垫，禁止存放任何无关物品。

四、危险货物安全载运

（1）船舶必须经过船舶检验机构检验，并取得其签发的"危险货物适装证书"，只能承运"危险货物适装证书"规定范围内的危险货物，只能装载在证书允许的舱室内。船舶载运危险货物，应当符合有关危险货物积载、隔离和运输的安全技术规范。

（2）承运危险货物船舶必须配备最新版《国际危规》，并对其及时修正。

（3）船舶承运危险货物必须按《国际危规》的要求正确合理配载，严格遵守《中华人民共和国船舶载运危险货物安全监督管理规定》。对不符合国际、国内有关危险货物包装和安全积载规定的，船舶应当拒绝接受承运。

（4）装运易燃易爆危险货物的货舱内应使用防爆灯具。

（5）使用任何货物处所运输危险货物的船舶应设有固定式二氧化碳或惰性气体灭火系统，或设有主管机关认为能为所载运货物提供等效保护的灭火系统。

（6）装载危险货物的船舶，应按《国际危规》中有关灭火和应急货物处理的内容对船员进行培训。

（7）载运危险货物的船舶在航行、停泊、作业时应当按规定显示信号。

（8）载运危险货物船舶的船员应当事先了解所装载危险货物的危险性和危害性及安全预防措施，掌握安全载运的相关知识。发生事故时，船员应遵循应急预案，采取相应的行动。

(9)装运易自燃货物的船舶,在航行途中要定时检测舱内温度,发现异常应及时采取措施。船舶不得装运已发生自燃的货物。

五、消除静电火花

国际航运公会、国际港口协会、石油公司国际海事论坛等提出了许多消除静电和防止静电火灾的措施:

(1)良好接地,可消除操作使用设备中产生的静电。

(2)甲板作业人员穿着防静电工作服、鞋。

(3)加装有效的船岸接地电缆。

(4)在静电防护区外人员进出口处安放静电消除球。

(5)在管道与管道、管道与货油舱、管道与泵等法兰之间连接处,加设法兰跨接铜片,这样就可以消除它们之间的电位差,静电经接地线导入船体,可以防止在接触不良的地方发生静电放电火花。

(6)油舱装油完毕,需要静置一段时间,等待油品中静电荷通过舱壁消散;油舱洗舱后,静电荷可能要维持5 h后才会逐渐消散,这期间应避免将不接地的任何物体引入舱内。

(7)在油品中加入抗静电添加剂,在不改变油品原有理化指标的基础上,能大大减少油品的静电,因而这种方法获得越来越广泛的应用。

(8)在修船时,不论是否修理货油舱,都应确保舱内不遗留金属物,以免日后发生静电危险。

第六章
船舶灭火程序与应急行动

第一节　船舶灭火的基本原则

为了保障船舶灭火工作有组织地进行,必须做好船舶灭火的应变部署工作,使全体船员明确消防应急时的岗位、职责、任务,同时,每位船员还必须熟悉扑救火灾的基本原则及要求。

(1)先控制,后消灭。灭火时只有先控制住火势,不使其扩大蔓延,才能为迅速、有效地扑灭火灾创造有利条件。

(2)先察看火情,后采取灭火行动。由于火场情况复杂多变,只有具体查明火灾种类,才能正确部署灭火力量,确定实施有效的灭火方法和措施。

(3)彻底扑灭余火。火灾被基本扑灭后,还必须进行彻底检查,消灭余烬,以防死灰复燃。

(4)一旦火灾失控并蔓延到整个舱面,船员继续留在船上会危及生命安全时,船长应及时下达弃船命令。

第二节　船舶灭火程序

船舶灭火是一项复杂的工作,它需要综合考虑船上的人员及设备的配备情况,根据当时的火灾情况制定合适的灭火方案,并根据火势发展变化随时进行调整。船舶火灾发生后,不能盲目地采取灭火行动,需要按照一定的程序进行,这样才能更好地发挥人员、设备的优势。

船舶灭火程序对船舶消防安全至关重要,只有按照正确的程序,在火灾的不同阶段采取准确合适的行动,才能有效地控制和扑灭火灾,将火灾的损失降到最小。以下是一般情况下的船舶灭火程序。

一、报警与初始行动

(一)发现火灾人员的行动

1. 立即发出火灾警报

最先发现火灾的人员应该立即发出报警并报告失火的位置。发出报警可以通过大声呼叫或利用附近的手动报警按钮等方式实现。在火情未明或无法判断是否能自力扑灭时,发现火灾的船员不应先去灭火,否则将延误报警的最佳时机,最终导致火灾扩大蔓延。

2. 报告失火位置及火情

发出报警的船员应尽可能确切地指出火灾位置,包括具体舱位和甲板层次。如果可能的话,应详细报告当时的火情。

3. 采取适当的预防措施

若火势较小,并确认可以自力扑灭的火灾,发现者可以立即使用附近的灭火器进行扑救;若火势较大,个人无法将火扑灭,应尽快撤离现场,并采取必要措施对火势进行控制,如关闭门窗及通风系统,移走易燃易爆物品等。

(二)驾驶台的行动

(1)驾驶台接到报警并确认后,应立即向全船发出火灾警报信号。

(2)船长听到警报后,应立即上驾驶台,指挥全船的消防行动。

(3)采取有利于控制火势蔓延的航行方法,并视情况关闭通往火场的通风。

(4)按照船长命令,视情况发布遇险报警,联系海事主管部门、公司等。

(5)在适当的时候将火灾发生的时间、地点、火灾种类、发现者的姓名、当时船位等内容详细记入航海日志。

二、集合

听到火灾警报后,除驾驶台值班人员外,全体船员应在 2 min 内携带相应装备器材到达指定地点,并按应变部署表佩戴好个人防护用品,做好各自分配任务的准备工作,确保一切就绪。各应急队队长应确认本队人员和装备情况,向现场指挥报告,现场指挥向总指挥报告。如果发现人员缺失,总指挥应立即组织搜寻,并确认行动结果。

如果是机舱发生火灾,轮机长负责现场指挥;船舶其他部位发生火灾,大副负责现场指挥。

三、现场应急行动

准备开始灭火行动前,按照应变部署表的分工,应该安排相关负责人员启动应急电源;启动应急消防泵,并确保消防水带在5 min内出水;视情况关闭水密门、通风机和空调系统等。然后,按照正确步骤开展灭火行动。

(一)探察火情并报告

一般情况下,应先探明火情,再采取行动。在火情未明的情况下,应先通过探火或询问相关人员等方式,尽快掌握以下情况:

(1)火灾的种类;

(2)失火具体位置;

(3)火势的大小;

(4)火场周围情况;

(5)有无人员受困等。

以上信息可以有效帮助指挥人员了解火场情况,为接下来制定有效的灭火战术和实施灭火行动提供重要支撑。

(二)火势的控制

1. 通风控制

在未查明火情前应果断地断绝通风;查明火情后,应根据火场具体情况决定是否通风,主要看是否有利于迅速控制火势和扑救火灾。

2. 其他控制

(1)切断电源,关闭油泵、输油管系和阀门等。

(2)隔离或移走危险品、贵重物品、可燃物等。

(3)冷却火场周围设施等。

(三)实施灭火行动

在探明火情后,应立即展开灭火行动。只有火灾被彻底扑灭之后,才能从根本上防止和减少火势蔓延到周围区域。根据火灾情况,总指挥决定应采取的灭火措施和行动,所有人员按照总指挥的命令执行灭火任务。

对于由少数船员就可以在短时间内迅速扑灭的较小火灾,一般采取直接扑救的灭火措施。对于无法直接扑救的较大火灾,可以视情况采取间接扑救的灭火措施。在灭火过程中,需要按照灭火原则,根据火场情况和火场变化,适时采取有效的灭火方法、措施和行动。

1. 直接扑救的要求

(1)如火灾区域的局部水基灭火系统未能自动启动,则手动启动;

(2)消防队采用合适的灭火方法,包括利用灭火器或利用不同消防水流配合灭

火器进行现场灭火;

(3)隔离队对火灾区域进行隔离和防护,防止火灾在着火区域范围内扩散。

2.间接扑救的要求(以机舱火灾为例)

(1)对于固定式二氧化碳灭火系统,采用下列程序:

①现场指挥确认所有人员撤离机舱,并报告总指挥;若有人员缺失,立即组织搜救。

②隔离人员对机舱进行隔离,封闭机舱所有开口,启动风油切断装置。

③负责操作固定式二氧化碳灭火系统的人员备妥固定式二氧化碳灭火系统。

④总指挥确认上述工作完成后,下令释放二氧化碳。

⑤隔离人员持续冷却机舱周边的舱壁,测量机舱舱壁温度。

⑥隔离人员检查并保持机舱有效封闭。

(2)对于高倍泡沫灭火系统,采用下列程序:

①现场指挥确认所有人员撤离机舱,并报告总指挥;若有人员缺失,立即组织搜救。

②隔离人员对机舱进行隔离,关闭机舱顶部通风以外的所有开口,启动风油切断装置。

③负责操作固定高倍泡沫灭火系统的人员备妥高倍泡沫灭火系统。

④总指挥确认上述工作完成后,下令释放高倍泡沫灭火剂。

⑤灭火过程中,保持泡沫层的有效厚度。

⑥隔离人员持续冷却机舱周边的舱壁,测量机舱舱壁温度。

一旦火灾失控并蔓延到全船,焚毁灭火动力、灭火管系,船员继续留在船上可能危及生命安全,船长应及时下达弃船命令。

四、灭火后的行动

火灾扑灭后,应彻底检查所有火灾扩散路径和已燃烧物品,确认无复燃可能后,打开通风,当氧气浓度达到21%后,人员进入火场清理,并恢复和替换消防设备。

最后,清点人数,集合讲评。

第三节 船舶火灾扑救技术

一、水带小组的组成和训练

水带小组是整个船舶消防组织中的重点。欧美等国家的职业标准中都推荐对于直径65 mm的消防水带,理想的水带小组是由四人组成的。在《海上防火灭火与消防安全》(Marine Fire Prevention,Firefighting and Fire Safety)中也曾提及,美国海岸警卫队建议,水带小组由四人组成。但是上述组成只是建议并非强制。如果船上人力资源有限,可以组成少于四人的水带小组。

（一）水带小组的组成

船舶消防水带有两种存放方式:转盘式和卷盘式。对于转盘式水带,打开水带箱门,将水枪与水带连接好,并引导水带向前铺设,直至水带全部拉出;之后将水带连接到消火栓上,供水。对于卷盘式水带,开启水带箱门,背起水枪,并拿好水带,一手卡住水带的两个接口,将水带铺开,并将水枪连接好。如果用两条水带供水,用同样的方式将另一条水带铺设好,并和第一条水带连接。在用水灭火时,应在消火栓打开之前把水带铺好,水枪接好。

使用不同直径水带的水带小组的人员组成情况如表 6-3-1 所示。

表 6-3-1 使用不同直径水带的水带小组的人员组成情况

水带尺寸/in①	消防水的流量/（USgal②/min）	操作人员数量
13/4	150	2
2	240	3
3	300	4+

水带小组的人员分工以两条水带同时使用为例。为了能够叙述清楚,我们将这四个人分别定位为水枪操作员（1 号）、直接辅助人员（2 号）、协助人员（3 号）、辅助人员（4 号）。

水带小组中,水枪操作员（1 号）是水带小组的关键人员,在现场指挥不能履行指挥责任时,水枪操作员负责指挥整个水带小组的行动。水枪操作员首先应熟悉船舶结构,能准确判断火势,并及时根据火势给出正确命令。在直接履行指挥职责时,水枪操作员必须认真观察火场的变化,并根据火场变化调整并控制水枪的喷射角度和水流形式,保证将水流喷到燃烧物体上。

直接辅助人员（2 号）应配合水枪操作员操作水枪,在通常情况下,直接辅助人员应承担 80% 的水枪后坐力,并根据水枪操作员的命令移动水带。

协助人员（3 号）需站在合适的位置,以保障水枪后面一段水带抬离甲板,并根据需要保持水带前后左右运动。

辅助人员（4 号）在水带小组行动前后负责开关消火栓。中间行动时,他在直接辅助人员后,辅助水枪操作员操作水枪和控制水带。

（二）水带小组的训练

通常水带小组的四个人根据水枪操作员的位置,按照操作要求站在水带同侧相应位置上。水枪操作员和直接辅助人员之间的间距保持在 0.5 m。其他辅助人员的

---

① 1 in=0.025 4 m。

② 1 USgal=3.785 41 dm³

间距根据实际情况而定,原则上保持水枪和其他辅助人员之间的水带不拖地或者尽可能少拖地。这样安排便于水带小组的快速移动。

至于水枪操作员站在水带的哪一侧,则需要根据具体情况确定。当扑救开敞甲板火灾时,没有明确标准。当扑救室内火灾或生活区附近火灾时,水枪操作员的站位应保证能利用墙角、门或其他结构作为保护屏障。

水带小组每次前进的距离为半步,也就是水带小组每个人每次移动都是前脚向前移动半步,后脚跟上。后脚不能超越前脚。

水带小组的常用指挥口令包括:前进、后退、向左、向右、蹲下、举高;除此之外,还包括跪射、立射和肩射等。

水枪操作员应根据火场的实际情况和需要,随时进行水流的转换。水流形式包括:直流窄水雾(水花)、宽水雾。水带小组的训练如图 6-3-1 所示。

图 6-3-1　水带小组的训练

二、扑救小型初期火灾

(一)扑救电气火

对于电气火,最好的灭火剂就是二氧化碳;如果不考虑灭火剂的后续影响,也可使用干粉灭火剂。

扑灭电气火,最好是先切断电源,断电后再扑救。当然,在特殊情况下,对于电气设备也可带电扑救。

使用灭火器扑救电气火时,应:

(1)先取出火场附近的灭火器,并将灭火器提到合适的地方;

（2）按照正确方法,使用灭火器扑救电气火。

利用二氧化碳灭火器扑救时,喷嘴距火焰应保持适宜距离,一般喷口距火焰 3 m 左右。利用二氧化碳灭火器扑救电气火如图 6-3-2 所示。

图 6-3-2　利用二氧化碳灭火器扑救电气火

（二）扑救油类火

油类火属于可燃液体着火,最适宜的灭火剂是泡沫,所以扑救油类火应首先选择泡沫灭火器。

使用泡沫灭火器扑救油类火时,应:

（1）先将泡沫灭火器平稳地提到现场。

（2）根据泡沫灭火器的不同要求,启动泡沫灭火器(对于化学泡沫,迅速扳起瓶盖机构,将灭火器倒置,使两种溶液相混产生化学反应,射出泡沫;对于空气泡沫灭火器,使用方法为 PASS 方法)。

（3）将泡沫喷向火源附近的立面或者是从火源的上风开始均匀布设泡沫层,以使泡沫平稳地将燃烧液表面全部覆盖,火焰才能窒息。

（4）灭火后要注意防止复燃,因为手提灭火器容量小,往往是表面扑灭了,过一段时间又复燃。

除泡沫灭火器外,干粉灭火器也可扑救油类火。干粉灭火器扑救油类火时需要注意:在扑救可燃液体火灾时,亦应从上风侧对准火焰根部左右扫射,快速向前推进,将余火全部扑灭;在扑救容器内火灾时,应注意不要把喷嘴直接对准液面喷射,以防干粉气流的冲击力使油液飞溅,引起火势扩大,造成灭火困难。

（三）扑救丙烷火

丙烷火属于气体火,最适宜的灭火剂是干粉。所以扑救小型丙烷火或者类似火灾时,应该选择干粉灭火器。

手提式干粉灭火器使用方法如下：

（1）先将灭火器竖直提至火场。

（2）按照 PASS 方法操作灭火器。

（3）灭火器喷射时，应保持喷嘴与火焰表面平行，灭火时应由上风开始，逐渐向下风推进，直至火焰完全熄灭。

（4）室外施放时，应站在上风施放。

需要注意的是：对于丙烷等气体火灾，重要的不是扑救，而是找到气体的泄漏点，封堵住泄漏点。如需要，可以用水雾掩护。

三、扑救较大火灾油类火

对于小型火灾可以直接使用手提式灭火器进行扑救，但是对于较大火灾（Extensive Fire）该如何扑救？较大火灾和较小火灾的区别在于火场的大小和火焰的高度，归根到底是火场辐射热的大小。

如何正确使用水雾和化学干粉或泡沫喷枪扑救油类火？水雾能否直接扑救油类火？水雾和干粉或泡沫如何配合使用？下面针对以上问题对具体的灭火技术进行介绍。

（一）单纯水雾扑救

细密的雾状水滴喷射覆盖到油层上，能够吸收大量的热，一方面使油层降温，另一方面在火源上方形成一层蒸汽，将火源和空气隔离开。水滴雾化得越好，灭火效果越明显。

对于闪点在 30 ℃以下的可燃液体，水的温度接近或高于可燃液体的闪点。对于此类液体，水雾主要起吸热蒸发，降温并生成大量水蒸气，以降低油火上方的空气含氧量的作用。

对于小型油类火场，可以用一条水带进行扑救。对于大型油类火场，可以用两条水带实施扑救，其中一条水带灭火，另一条水带防护或协助扑救。

对于空间狭窄、难以到达的场所，可以使用水雾枪。利用水雾扑救油类火时需要注意以下几点：

（1）消防人员保持沟通和配合，步调一致，行动迅速和准确。

（2）及时调整两用水枪的出水状态，发挥其应有的灭火作用。

（3）应避免用有冲击力的水流冲击油面。

（二）水雾和其他灭火剂的配合使用

利用水雾配合其他灭火剂（泡沫、干粉）扑救油类火，并非将水雾和其他灭火剂（泡沫、干粉）都加到燃烧的油面上。水雾主要是起防护作用（将水雾作为移动屏障使用）。在宽水雾的防护下，将泡沫、干粉等灭火剂散布到燃烧的油面上。

1. 水雾加泡沫扑救油类火

（1）将 20 L 的泡沫背桶（也可用手提式灭火器或推车式泡沫灭火设备）装好泡

沫,并将泡沫喷枪通过软管连在泡沫背桶上。

（2）出动两个水带小组。两个水带小组分别从两个消火栓连好两根消防水带。其中一根消防水带连好两用水枪,另一根消防水带连在泡沫喷枪上。

（3）启动消防泵或者应急消防泵,给固定水系统供水。两个水带小组的人员集合,并在合适的位置准备好。

（4）两个水带小组分别打开两个消火栓,给水带供水。

（5）水枪手将水枪调成宽水雾状态,负责泡沫喷枪的人员做好随时喷射的准备。两个水带小组在现场指挥的指导下,逐步接近火场。

（6）当接近适当距离后,泡沫喷枪开始喷射泡沫。泡沫一定要形成连续稳定的泡沫层。

（7）当火灾被扑灭后,两个水带小组同时撤离火场。撤离时,两个水带小组都需要面对火场,不许背对火场撤离。同时水枪手继续喷射宽水雾,负责泡沫喷枪人员调整喷枪的喷射角度,保证泡沫源源不断地喷射到油面上。最后,两个水带小组撤离到安全距离上,并在确认火灾被扑灭后,拆除水带,清理设备。

注意:如果需要,可以使用两根消防水带和一个可携式泡沫灭火装置来扑救油类火。

2. 干粉加水雾扑救油类火

（1）出动两个水带小组。准备一个干粉灭火装置,干粉灭火装置可以是干粉灭火器,也可以是推车式干粉灭火设备。

（2）两个水带小组分别在两个消火栓上连接两根消防水带并连接两用水枪。

（3）启动消防泵,给固定式水灭火系统供水。同时两个水带小组的成员按照规定站好位置。

（4）两个水带小组分别打开两个消火栓,给水带供水。

（5）两个水带小组将水枪调成宽水雾状态,灭火器操作人员携带或推动干粉装置,在两个水枪中间,随水枪同时前进,并做好随时喷射的准备。两个水带小组在现场指挥的指挥下接近火场。

（6）当接近适当距离后,干粉装置开始喷射干粉。

（7）当火灾被扑救后,两个水带小组和干粉操作人员同时撤离火场。撤离时,两个水带小组都需要面对火场,不许背对火场撤离。同时水枪手继续喷射宽水雾。最后,两个水带小组撤离到安全距离上,并在确认火灾被扑灭后,拆除水带,清理设备。

四、扑救室内火灾

当住舱或机舱等处失火后,为了避免火灾蔓延,船员应将失火住舱或机舱的门、窗、通风设备以及通风管路关闭。但是在舱室内高温环境已经形成的情况下,虽然关闭了通风,但是可燃材料的热分解依然会在舱室内进行。扑救火灾的消防人员如果贸然进入,则会面临很大的危险。这些危险主要体现在进门时的回燃。

1. 回燃

回燃是由于失火舱室在开始燃烧时积累了大量热量并形成了舱室内的高温环境。舱室内的氧气由于不能得到补充,不能支持燃烧。燃烧的剧烈程度虽然降低了,但是还能维持舱内高温。在高温下,舱室内的可燃物会形成热解反应,使得舱室内逐渐积聚大量的可燃气体。此时一旦打开门,新鲜空气会从门的下部补充进来。新鲜空气与舱室内的可燃气体混合形成爆炸性气体。当混合气体被余烬点燃后,就会造成大强度、快速爆炸。爆炸在舱室内发生的同时,冲出门外,形成巨大的火球,从而对舱室内外造成破坏。回燃如图 6-3-3 所示。

图 6-3-3　回燃

为了避免回燃对准备进入的消防人员造成伤害,需提前判断失火舱室内有无回燃的可能。对于消防人员来讲,最直接的判断依据就是舱室的门。

准备进舱灭火的人员需要观察这些回燃特征:

(1)门是否变形。船舶上的门密封性很好,在正常情况下,门缝隙不应该有烟雾冒出。但在火场中的高温影响下,门很容易变形。如果观察到门缝隙有烟雾冒出,则说明门后就是高温环境。

(2)还有一个现象,可以帮助消防人员判断门后面的温度是否已经很高,这就是门上油漆的变化。如果门上的油漆变色或起泡,则说明门后的温度很高。

(3)最后还有一个判断门后的温度的方法,就是用手背去直接感觉门板和舱壁的温度。

图 6-3-4 是消防人员进入前判断舱室内部的情况。

2. 打开舱室门的程序

如果经过上面的测试,判断门后温度不高,消防人员则可以准备进入。但是为了确保安全,还需要消防人员采用安全的进门程序。船上的门通常包括水密门和防火门,上述两种门的开向不一致,所以开门的注意事项也不相同。

水密门通常为外开门。消防人员开水密门前,应穿戴好消防员装备,接近水密

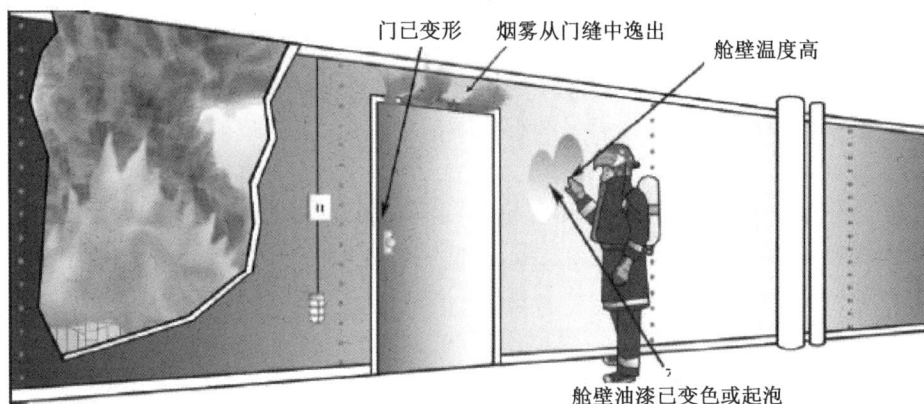

图 6-3-4 进入前判断舱室内部的情况

门后,先将门上的把手依次打开,打开顺序为先打开铰链侧把手,再打开对侧把手;打开把手时按照先上后下,最后中间的原则。当剩下最后一个把手时,将小臂紧贴在门上,两腿前后分开,身体倚靠在水密门上,用另一只手轻轻打开把手,并慢慢打开水密门。

打开防火门的方法不同于打开水密门的方法。因为船舶防火门多为内开门。打开防火门时,先在防火门的把手上固定一根绳索,绳索由其他人员控制。开门人员轻轻打开门把手,并慢慢开门。如果发现舱室有回燃危险,则控制绳索的人员要通过绳索快速关门。

3. 居住舱室或者机舱火灾的扑救

无论是水密门还是防火门,在开门前,都应该布置好水带小组。通常布置两根消防水带。两条水带的操作人员均应保持蹲姿,并将水枪调成水雾状态,做好随时喷射的准备。

对于空间较小的舱室,可以用一根消防水带扑救灭火,用另一根消防水带保护。扑救灭火的水带可以布置在铰链对侧,防护水带布置在铰链侧。开门后,扑救灭火的水带用水雾封住门缝,并随着门缝的增大向天花板喷射水雾。人员在水雾掩护下,低姿进入失火舱室进行扑救。

对于空间大的舱室,可能需要用两根消防水带同时进入灭火。此时,应该将扑救灭火的水带布置在铰链侧,防护水带布置在铰链对侧。随着门缝的增大,防护水带封住门缝,扑救灭火的水带小组在防护水带小组的保护下进入失火舱室。之后,防护水带小组也进入火场对扑救灭火的水带小组人员进行保护或同时进行火灾扑救。

扑救火灾通常有三种技术,分别为直接扑救技术、间接扑救技术和联合扑救技术。

直接扑救技术是水带小组进入失火区域后,将消防水直接喷射在火床上。

　　间接扑救技术是将消防水流喷射到火床上方的舱壁和甲板上,同时实现降温和产生水蒸气的目的。这种技术适用于产生大量过热气体,并形成了稳定烟雾层的火场。这种火场容易产生轰燃。联合扑救技术,顾名思义是将直接扑救技术和间接扑救技术相结合,用一种既能将灭火剂直接喷射到火床,又能喷射到顶棚和高处舱壁的技术对火灾进行扑救。

　　联合扑救技术要求消防人员用水枪做"T-Z-O"式运动。联合扑救技术既可以降低燃烧物的温度,还可以增加蒸发量,降低燃烧区域的含氧量,同时通过消防水的冲击运动将原来的温度层破坏,达到延缓轰燃的目的,为火灾扑救创造条件。联合扑救技术如图 6-3-5 所示。

图 6-3-5　联合扑救技术

第四节　火场搜救

　　船舶失火后,消防人员可能会进入充满高温气体和浓烟的火场进行搜索和救助。进入火场搜救是一项非常危险的工作。为了保证进入火场的消防人员的安全,需要先了解火场当中的危险。

一、火场当中的危险

1. 火场当中充满烟雾,能见度很低

　　烟雾是物质在燃烧反应过程中热分解生成的含有大量热量的气态、液态和固态物质与空气的混合物。它是由极小的炭黑粒子、完全燃烧或不完全燃烧产生的灰分及可燃物的其他燃烧分解产物所组成的。

　　人在烟雾环境中能正确判断方向并脱离险境的能见度最低为 5 m,当能见度降到 3 m 以下时,逃离火场就非常困难。

2. 火场中含有有毒气体，特别是一氧化碳有毒，非常危险

火场中的有机物在燃烧时会产生碳的氧化物，具体而言就是一氧化碳和二氧化碳，其中一氧化碳有毒。同时，火场中的塑料制品的成分比较复杂，燃烧时，会产生硫的氧化物以及氯气、光气①等产物，这些气体会对人的呼吸系统造成伤害。

3. 温度很高且随舱室高度的升高而升高

当舱室顶部温度接近 800 ℃时，地面附近的温度大约为 70 ℃；当消防人员蹲在室内时，其头盔顶部的温度大约为 250 ℃。失火舱室温度层的分布情况如图 6-4-1 所示。

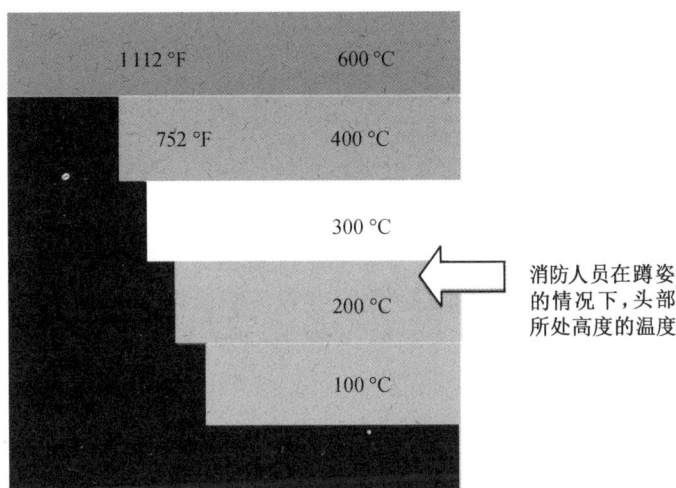

图 6-4-1　失火舱室温度层的分布情况

4. 可能会发生轰燃现象

轰燃是室内火灾由局部燃烧转变为室内所有可燃物表面全面燃烧的标志。从此刻开始，火灾由初期发展阶段进入全面燃烧阶段。室内可燃物与氧气快速发生反应，舱内温度迅速升高，而氧浓度急剧下降。此时被困人员的生存率几乎为零。

二、火场搜救技能

1. 准备进入

实施烟雾舱室搜救的人员必须使用消防员装备。搜索人员按照我们之前介绍的程序穿戴好消防员装备。

2. 消防人员进入火场

进入人员一定要预测一下舱内的情况。如果舱内适于消防人员进入，消防人员

---

① 通常开链的烃、醇、醛、酮等类化合物燃烧时均可产生光气。光气又称碳酰氯，剧毒，不燃，化学反应活性较高，遇水后有强烈的腐蚀性。

可以进入,否则就不能进入。同时,通常存在不止一条进出船舶火场的路线,进入火场搜救的人员需要根据当时的情况,采用相对安全的路线进入。

3. 进入火场搜救的方向

在火场中搜救,只有两个方向,即顺时针方向和逆时针方向。搜索顺序是:先搜索门后;接着按顺时针或逆时针搜索舱壁四周(先危险地点,后安全地点);最后舱室中央(做数次横越搜索)。

4. 在火场中的搜救方法

(1)曳步前行:将身体重心放在后脚,前脚掌沿地面(不要离开地面)试探向前,确认安全后再将后脚移到前脚位置(不要超过前脚),始终坚持前脚前移。这样行动可探查到脚下障碍物和危险如凸出地面的钉子、台阶、倒塌的物件等。

(2)探火队员的空手应保持在他的面部前 30～40 cm,手背朝前,微微弯向自身,上下慢速移动确保头部和面部不能碰到障碍物;手背向前的好处是当碰到尖锐物体、炽热或带电物体时,不是抓住而是立即闪开。

(3)在烟雾中,靠近地面的空气温度低,尽量低姿前行,手脚动作参考(1)和(2)。由于底部烟雾少、能见度高,可以在远处发现被困人员或火源。下台阶时,应后退前行,防止面部受热烘烤,手更牢固地抓住栏杆等固定物。

(4)确认通过舱门后,门不能突然关闭,以免退路被断绝。

(5)同行者待在一起,并与外界保持联络。

5. 进入火场寻找被困人员的方法

(1)查看:借助所带的照明工具,认真(搜索)查看被困人员可能藏身的部位。

(2)细听:注意倾听被困人员的呼救声以及喘息、呻吟和响动声等,辨别他们所处的位置。

(3)触摸:在喊话、查看、细听的同时,可手持探棒在可能有被困人员的地点、部位触摸、搜寻。

(4)当在火场搜索中发现受伤人员时,可采用适当的搬运方法,将其救离现场。在搬运伤员之前,必须了解伤员的受伤种类和严重程度,选用最佳的搬运方法。

6. 火场中自救

被困人员需注意:在火灾事故中,受伤人员不全是被火烧伤的,90%的伤亡人员是由缺氧窒息或吸入致命的一氧化碳和其他有害气体造成的。所以被困人员需尽可能延长呼吸设备的使用时间。

自救方法包括:

(1)一旦船员发现被火困住后,应沉着冷静,不要慌乱,若条件许可,可沿退路,边灭火,边后退。

(2)根据本船实际情况,查看船舶脱险通道标志,选择能避开火的脱险通道。撤离时应沿舱壁行走,且必须保持低姿行进。

（3）如果在搜索中受困,千万不可惊慌喊叫,应马上告诉同伴或外面的协助人员,寻找安全地点,坐下或躺下休息,以节省气瓶内的空气,等候救助人员的抵达。当其抵达时,可拍手或敲击舱壁,指示方位。

第七章

船舶消防演练

船舶消防组织概述

一、船舶消防组织的结构

船舶消防组织是指在船舶组织基础上,按照船舶消防应急行动的要求,将人员重新分配组合,并结合船舶消防设备而形成的消防应变队伍。

船舶消防组织没有固定的形式,而是根据船舶类型和配员数量的不同,组合出适合单船或整个船队的消防组织形式。按照航运惯例和火灾应对经验,推荐将船舶消防组织分为五个部分:指挥组、消防组、技术组、支持组和机舱值班人员。船舶消防组织结构如图 7-1-1 所示。

1. 指挥组

指挥组是船舶消防组织的中枢系统,负责整个消防应急过程中的组织、协调、指挥和决策。它主要由船长领导,由驾驶台团队和现场指挥组成。船长是船舶消防应急行动的总指挥,发生火情后负责操纵船舶至最有利灭火状态;判断火灾发展趋势,制定灭火策略。驾驶台团队成员负责协助船长操纵船舶,对内和对外通信,收集和整理信息并供船长分析和决策。大副是船舶消防应急行动的现场指挥(机舱区域火灾的现场指挥由轮机长担任),负责对火灾现场进行评估并报告船长,并组织和协调现场各应急组按照船长的指挥和决策采取行动。

2. 消防组

消防组是船舶消防组织的关键执行队伍,内部还可分为探火小组和水带小组等。火灾初起阶段,探火小组为指挥组的火灾扑救决策提供火情侦察信息,搜寻被

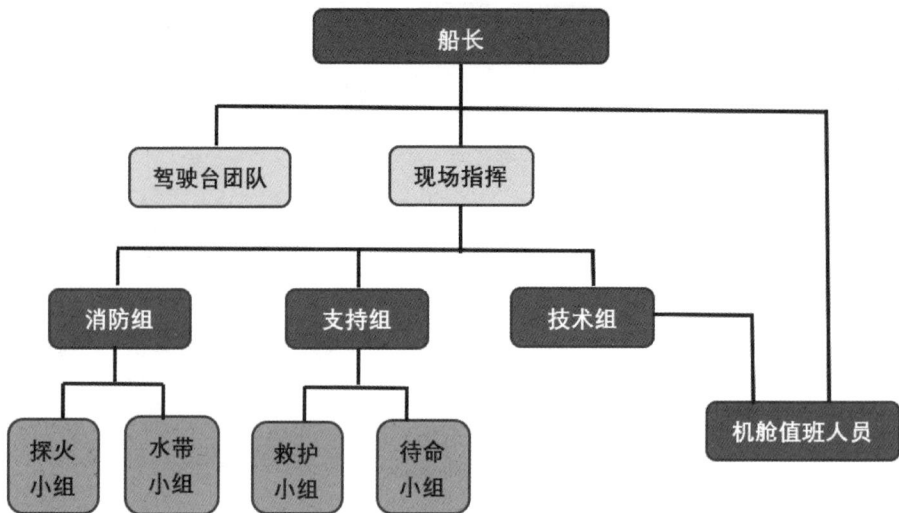

图 7-1-1　船舶消防组织结构

困火场人员等;水带小组负责对火场周围进行冷却,利用水雾喷射等掩护探火小组的进出。火灾扑救过程中,消防组按照指挥组的灭火策略,执行火灾扑救战术,确认火灾扑救效果,灭火行动成功后对火灾现场进行通风、测氧测爆等。

3. 技术组

技术组负责给整个消防应急行动提供技术上的保障。需要完成的技术操作包括但不限于:关闭失火处所油类管系的速闭阀;切断失火处所的电力供应;根据指令停止或控制失火处所的通风;提供灭火现场所需的移动式灭火设备;做好大型固定消防系统的释放准备,在需要时迅速、准确地释放;对火灾向失火处所相邻舱室的蔓延进行有效监控。

4. 支持组

支持组是船舶消防组织的后勤保障队伍,内部还可分为救护小组和待命小组等。救护小组负责携带担架和急救箱等救援设备,对火灾扑救过程中出现的伤亡人员进行紧急处置和照看。待命小组负责维持现场秩序,并根据需要对指挥组、消防组、技术组和机舱值班人员进行支援,随时做好替换其他人员的准备。

5. 机舱值班人员

除非火灾发生在机舱区域,否则机舱值班人员应在指挥组和技术组的带领下,保障整个火灾应急行动过程中的动力输出、电力供应,确保消防泵、应急消防泵、通风系统等应急设备的正常运转。

二、应变部署表

为了确保船员和乘客的安全,SOLAS 公约要求船上应将消防和救生两项应急行动的应急组织,用文件的形式告知所有在船人员。应变部署表就是配置在船舶上,用以标明应急行动时每个船员应急职责的表格。

应变部署表应详细说明船舶的通用应急报警信号和公共广播系统,以及该报警发出时船员和乘客应采取的行动。应变部署表还应写明弃船命令将如何发出。

为了便于船员掌握应变部署表的内容,应变部署表应配备张贴在驾驶台、集控室和船上人员经常聚集的场所,如通道、走廊、餐厅、娱乐室和会议室等。

应变部署表是船舶应急组织的具体描述,更具可执行性。所以每一艘船舶都应根据船舶类型和配员情况,在船舶应急组织的基础上编制应变部署表。在应变部署表中,应明确指定每个人在紧急情况下应到达的岗位及执行的任务。

(一)应变部署表的内容

应变部署表的主要内容应包括应变信号、船员名单、救生部署和消防部署,最后是说明和船长批准执行的签章。

应变部署表应规定指定的驾驶员负责确保维护保养救生和消防设备,使其处于完好状态,并立即可用。

每艘客船应具有寻找并救出困在客舱内乘客的适当的程序。

1. 应变信号

通用应急报警系统发出的通用报警信号是《国际救生设备规则》(International Life-Saving Appliances Code,LSA)中明确规定的,该信号由船舶号笛或汽笛以及附加电铃或者小型振膜电警笛或其他等效报警系统,发出的七个或以上的短声继以一长声组成。如果船舶用通用报警信号作为消防报警信号,在发送信号的同时,船长还应通过公共广播系统表明警报信号种类,以及火灾发生的地点和应急集合地点。

我国的国家标准《海洋运输船舶应变部署表》(GB 17566—2021)中明确规定了船舶的应急报警信号,其中消防报警为:短声连放一分钟。针对船舶不同部位火灾,通过在消防报警后按不同数量的长声加以区分,具体报警信号为:船前部失火(短声连放一分钟后接一长声);船中部失火(短声连放一分钟后接二长声);船后部失火(短声连放一分钟后接三长声),机舱失火(短声连放一分钟后接四长声);生活区失火(短声连放一分钟后接五长声)。

此外,不同的船舶管理公司也可以通过体系文件的形式,为旗下的船舶或船队规定专用的应急报警信号。

无论采用哪种应急报警信号,对应的解除信号都是一长声,也可通过公共广播系统播报或由船长口头宣布。

2. 船员名单

应变部署表上的船员名单通常标有编号、职务、姓名、艇号和筏号等,在消防部署和救生部署的执行人栏中一般都使用编号分配任务,船员要牢记自己的应急编号。

3.应变任务

应变部署表应写明分派给不同船员的任务,包括:

(1)船上水密门、防火门、阀、泄水孔、舷窗、天窗、装货舷门和其他类似开口的关闭。

(2)救生艇筏和其他救生设备的属具配备。

(3)救生艇筏的准备工作和降落。

(4)其他救生设备的一般准备工作。

(5)集合乘客。

(6)通信设备的使用。

(7)指派处理火灾的消防队的人员配备。

(8)关于使用灭火设备及装置的专门任务。

(9)客船还应说明在紧急情况下,指派给船员的与乘客有关的各项任务。这些任务应包括:

①向乘客告警;

②查看乘客是否穿妥衣服,以及是否正确地穿好救生衣;

③召集乘客于各集合站;

④维持通道及梯道上的秩序,并大体上控制乘客的动向;

⑤确保把毛毯送到救生艇筏上。

(二)应变部署表的编制原则

应变部署表的管理是由船长总负责,三副根据船舶消防组织的结构和职责,于船舶开航前编制应变部署表,经船长批准签署后公布实施。编制应变部署表时,船员具体职责的分配应遵循以下原则:

(1)关键岗位、关键动作,指派得力人手。实际编制中对于不同岗位、不同动作应根据船员的职务相似度而定,相似度越高者越能胜任;相同岗位或相同动作根据船员的个人能力而定,能力越强者越能胜任。

(2)根据本船情况,可以一职多人或一人多职。在船舶应急行动中,有些任务需要多人合作,如探火小组进入火场探火和水带小组进行冷却灭火等,即为一职多人;同时有很多任务需要同一个人进行决策和实施,如船长既需要指挥灭火,又要操纵船舶,还需要负责对内和对外通信等,即为一人多职。

(3)人员编排应最有利于应变任务的完成。编制应变部署表时,应充分考虑船舶类型和配员数量,以及每位船员的职务和应变能力,合理安排每个应急组的人数;消除船舶部门的局限性,统筹兼顾,合理地安排每位船员的应变岗位,以保证船舶在发生应急状况时,每个应急组和每位船员都能发挥出最大的作用。

(4)应变部署表应规定关键人员失去能力后的替代人员,要考虑到不同的应急情况可能要求采取不同的行动。通常由下一级职务人员代替上一级职务人员,如船长的替代人员是大副,轮机长的替代人员是大管轮,组长的替代人员是副组长等。

(5)在应变部署表制定后,如果因船员有所变动而必须更改应变部署表,船长应负责修订该表,或制定新表。

(6)货船上的应变部署表可根据单船情况编制或使用船队统一格式,但客船上使用的应变部署表格式需要经过主管认可。

三、应变部署卡

SOLAS 公约规定,应为船上每个人配备一份在紧急情况下必须遵循的明确的须知,如为客船,这些须知应使用船旗国要求的一种或数种语言以及英文写成。这些须知在船上的体现形式就是应变部署卡。

应变部署卡应在船员和乘客起居处所的显著部位展示,通常应变部署卡会放置在船员或乘客的床头附近,所以船上常称之为"床头卡"。

船员应变部署卡的编制由三副负责,应急报警信号、应变职责和对应编号应与应变部署表保持一致,在开航前填妥并告知船员本人,遇有人员变动时应重新填写。船员应变部署卡如图 7-1-2 所示。

应变部署卡 EMERGENCY CARD 船名 M/V:＿＿＿＿＿＿＿＿＿		
编号 No. :	姓名 Name:	职务 Rank:
艇号 Boat No. :		
消防 Fire control	信号 Signal	短声连放一分钟。随后,一长声(船前部失火),二长声(船中部失火),三长声(船后部失火),四长声(机舱失火),五长声(上甲板失火) Short blasts continued for one minute. Thereafter, one long blast stands for fore part, two for middle part, three for aft part, four for engine room, five for upper deck
	任务 Duty	
弃船 Abandon ship	信号 Signal	七短声一长声,重复连放一分钟 Seven short blasts with one long blast repeated for one minute
	任务 Duty	

（续）

人落水 Man overboard	信号 Signal	连续三长声，随后：一短声（右舷落水），二短声（左舷落水） Three long blasts. Thereafter, one short blast stands for starboard, two for portside
	任务 Duty	
封闭处所 进入与救助 Enclosed space entry and rescue	信号 Signal	广播通知 Broadcast notification
	任务 Duty	
解除警报：一长声 Signal for dismissal：one long blast		

图 7-1-2　船员应变部署卡

乘客的应变部署卡应标明应急报警信号和注意事项。由于乘客未接受正式的应急训练，所以针对乘客的应变部署卡需要将应急中的一些细节问题解释清楚，以便乘客牢记并执行。

客船还应在乘客舱室内张贴配有适当文字的示意图，并在集合站及其他乘客处所的显著位置予以展示，以告知乘客：

（1）他们的集合站；

（2）他们在紧急情况下必须采取的重要行动；

（3）救生衣的穿着方法。乘客应变部署卡如图 7-1-3 所示。

应变部署卡 EMERGENCY CARD 船名 M/V：_____
编号 Boat No. :_____
火警信号：短声连放一分钟。随后：一长声（船前部失火），二长声（船中部失火），三长声（船后部失火），四长声（机舱失火），五长声（上甲板失火） Fire alarm：short blasts continued for one minute. Thereafter, one long blast stands for fore part, two for middle part, three for aft part, four for engine room, five for upper deck 注意事项 Notice：
弃船求生信号：七短声一长声，重复连放一分钟 Abandoning ship alarm：seven short blasts with one long blast repeated for one minute 注意事项 Notice：

（续）

人员落水信号：连续三长声。随后：一短声（右舷落水），二短声（左舷落水） Man overboard alarm：three long blasts. Thereafter, one short blast stands for starboard, two for portside 注意事项 Notice：
封闭处所进入与救助信号：广播通知 Enelosed space entry and rescue alarm：broadcast notification 注意事项 Notice：
解除警报：一长声 Signal for dismissal：one long blast

图 7-1-3　乘客应变部署卡

第二节　船舶消防演习

船舶消防演习是为了增强船员安全防火意识，让船员进一步了解火灾的处理流程，以及提升在处理突发事件过程中的协调配合能力。

船舶通过开展演习，对履行消防职责船员的能力进行定期评估，以发现需要提高的方面，从而确保船员在消防技能方面的适任性得以保持，并确保船舶消防组织处于操作就绪状态。

一、消防演习周期

船舶应根据国际公约和规则要求，结合本船船型、航线、港口等实际情况，每年年底或次年年初制订出本船的演习计划，并应根据船舶实际情况进行调整或补充。

（1）每名船员每月应至少参加一次消防演习。

（2）如有 25% 以上的船员未参加船舶上个月的消防演习，应在船舶离港后 24 h 内举行消防演习。

（3）当船舶在经重大改装后首次投入营运时，或有新船员时，应在开航前举行消防演习。

（4）客船每周应举行一次消防演习，全体船员不必每次演习都参与，但需要保证每名船员每月都能参加一次消防演习。同时应鼓励乘客参与演习，并充分考虑到通知乘客及乘客向集合站和登乘甲板的移动的合理安排。

（5）主管机关对无法这样做的各类船舶，可以接受至少是等效的其他安排，如沙盘推演等。

此外，《国际安全管理规则》（International Safety Management Code，ISM Code）要求船公司每年举行一次船岸联合演习，由公司在所有应急项目（包括消防演习）中抽取一到两项,与公司旗下的一到两艘船舶按照预定方案进行演习,船队中其他船舶可以同步也可以择期按照联合演习预案进行演习。

二、消防演习内容

船舶在制订消防演习计划时,应针对可能发生的紧急情况制定应急预案,还应充分考虑到船舶类型和货物类型的不同,制定一些特殊方案。

但每次消防演习至少应包括以下内容:

(1)到集合站报到,并准备执行应变部署表所述的任务。

(2)启动一个消防泵,要求至少射出两股水柱,以表明该系统处于正常的工作状态。

(3)检查消防员装备和其他个人救助设备。

(4)检查有关的通信设备。

(5)检查演习区域内的水密门、防火门和挡火闸以及通风系统主要进出口的工作情况。

(6)检查供随后弃船用的必要装置。

演习中使用过的设备应立即恢复到完好的操作状况,演习中发现的任何故障和缺陷均应尽快予以消除。

举行集合的日期和消防演习的详细情况应记载于由主管机关规定的航海日志内。如果在指定时间内未举行该项集合或演习,则应在航海日志内记述其原因和已举行的集合、演习的范围。

三、消防演习程序

(一)火灾的发现与初始行动

船舶火灾的发现与初始行动通常有两种方式:

(1)火灾自动探测与报警系统发现火灾危险后,会通过声光报警方式提醒驾驶台和集控室值班人员,实行无人机舱标准的船舶还会在餐厅、娱乐室及轮机部高级船员房间等处提示火灾风险。值班人员收到报警后,可通过视频监控设备或抵近现场确认该区域是否真正着火,因为电子设备经常会因为环境原因发生误报警。

(2)船员发现着火后应大声呼叫示警,并通过电话、对讲机、手动火灾报警按钮等方式报警。现场判断火势,如初期的小火可使用就近的灭火器等进行扑救;如火势较大,则尽可能关闭火场附近的防火门、电力和通风等,尽快撤离现场。

(二)发出全船火灾报警信号

值班驾驶员在接到火灾报警后,应第一时间通知船长,船长到驾驶台确认火情后发出全船火灾报警信号,视情况通过驾驶台遥控装置关闭火灾区域的通风系统,通知机舱备车等。

（三）全体船员的应急反应

驾驶台团队向周围船舶播报火灾紧急状况,如着火区域为甲板,则操纵船舶使着火部位处于下风。

机舱值班人员按照船长的指令备车,做好机动航行的准备工作,迅速启动消防泵或应急消防泵。

除指挥组和机舱值班人员外的所有船员,听到消防警报后立即按照应变部署表的规定,携带器材和设备到达指定地点集合,现场指挥并清点人数,测试各组与指挥组的应急通信。

（四）实施灭火行动与措施

指挥组会根据现场反馈的情况及船舶当时所处的环境,制定出相应的灭火策略。其他应急组根据指挥组指定的策略,结合火场情况采取相应的扑救手段进行灭火。消防组的行动包括:移除易燃易爆物品、冷却火场、探火灭火和搜救人员等;技术组的行动包括:关闭火场周围的防火门、防火窗、机械通风、自然通风,切断燃油、滑油供应和电源,做好释放固定式灭火系统的准备工作等;支持组的行动包括:备妥消防和救生设备、照顾伤员等。

如果火灾发生在货舱或机舱等封闭处所,且无法使用水灭火系统和移动式灭火器扑救,需要启用固定式大型二氧化碳或泡沫灭火系统时,应包括以下附加行动:清点人数,封闭失火舱室,释放灭火剂,监测火场温度等。

现场观察或凭经验判断火灾扑灭后,不能立即结束灭火行动或贸然打开封闭舱室,需要组织探火员再次进入火场探火,确认无复燃可能后,才能进行火场通风,测氧测爆、火灾损失统计和设备修复等后续工作。

（五）集合讲评

清理现场、器材归位后,船长或现场指挥集合全体船员进行讲评,评估内容应包括:信号是否明确;响应速度是否符合要求;动作是否规范;人员是否到位;演习程序是否符合相关要求;总体评价,包括改进和建议等。

（六）解除警报

讲评结束后,船长施放解除警报信号,宣布演习结束。

第三节 船舶消防培训

为了使船员能在紧急情况下执行正确的程序,减小火灾的影响,船员应具备处理火灾紧急情况,包括照顾乘客的必要知识和技能。为此,船员应得到船上消防安全和其所承担职责的有关指导,培训船员熟悉船舶的布置和可能需要其使用的任何灭火系统和设备的位置及操作,确保船舶在营运期间,消防组织中各个应急小组具备在任何时候都能完成其职责的能力。

(一)船舶消防培训周期和内容

船员上船后,应在不迟于2个星期内尽快对其进行有关使用船上灭火设备的船上培训。但是,如果船员是定期轮派上船,则这种培训应在不迟于船员第一次上船后的2个星期内进行。

船舶应定期讲授船舶灭火设备的用法,授课间隔期与演习间隔期相同,每次授课可以包括船舶灭火设备的各个不同部分,但在任何2个月的授课期内应包括该船的全部灭火设备。每位船员均应进行培训,课程应包括但不必局限于:

(1)手提式灭火器的位置和操作;

(2)推车式灭火器的位置和操作;

(3)移动式泡沫枪(两桶一枪)的位置和操作;

(4)水带小组的战术训练和分工协作;

(5)固定式灭火系统(包括二氧化碳灭火系统、泡沫灭火系统和干粉灭火系统等)的释放程序与注意事项;

(6)局部灭火系统(包括水喷淋系统、高压细水雾系统、厨房烟道灭火系统和主机扫气箱灭火系统等)的释放程序与注意事项;

(7)消防员装备的穿戴训练;

(8)紧急逃生呼吸装置的使用训练;

(9)灭火毯的位置和操作;

(10)船舶火灾探测和报警系统操作方法等。

(二)培训手册

船舶应在每一间船员餐厅和娱乐室或在每一间船员居住舱室内都配备一本培训手册,培训手册应使用船舶的工作语言写成。培训手册可分成若干分册,包含所有要求的须知和资料,并应使用易懂的措辞写成,如有可能应配以图解说明。这些资料的任何部分都可以以视听辅助教材形式提供,以替代纸质手册。

培训手册应详细解释以下内容:

(1)有关烟气危害、电气危险、易燃液体和船上类似常见危险的一般消防安全操作和预防措施;

(2)关于灭火行动和灭火程序的一般须知,包括报告火灾及使用手动报警按钮的程序;

(3)船舶各种报警的含义;

(4)灭火系统和设备的操作和使用;

(5)防火门的操作和使用;

(6)挡火闸和挡烟闸的操作和使用;

(7)脱险通道系统和设备。

(三)消防安全操作手册

船舶应在每一间船员餐厅和娱乐室或在每一间船员居住舱室内配备一份消防安全操作手册。消防安全操作手册应以船上的工作语言写成,消防安全操作手册可与培训手册合并。

消防安全操作手册应包含与消防安全有关的船舶安全操作和货物装卸安全操作所必需的信息和须知。

(1)该手册应包括关于船员在船舶装卸货物时和航行时对船舶总体消防安全所负责任方面的信息。

(2)对装卸一般货物时需采取的消防安全预防措施进行解释。

(3)对于载运危险货物和易燃散货的船舶,消防安全操作手册还应相应述及《国际海运固体散装货物规则》(International Maritime Solid Bulk Cargoes Code,IMSBC)、《国际散装运输危险化学品船舶构造和设备规则》(International Code for the Construction and Equipment of Ships Carrying Dangerous Chemicals in Bulk,IBC Code)、《国际散装运输液化气体船舶构造和设备》(International Code for the Construction and Equipment of Ships Carrying Liqucfied Gases in Bulk,IGC Code)和《国际危规》中有关消防和紧急货物装卸的须知。

(4)液货船的消防安全操作手册还应包括防止火灾由于易燃蒸气着火而蔓延至货物区域的规定,并包括液货舱驱气和/或除气的程序。

第四节 船舶防火控制图

船舶防火控制图作为船舶检验和验收的必备文件,是随船存放十分重要的一份图纸。船舶防火控制图清晰标明每层甲板的控制站、A 级分隔围蔽的各防火区域、B级分隔围蔽的各防火区域,连同火灾探测报警系统、喷水器装置、灭火设备和各舱室、甲板等的出入通道以及通风系统的细节,包括风机控制位置、挡火闸位置和服务于每一区域的通风机识别号码的细节。船舶防火控制图的说明文字应以主管机关要求的一种或几种语言写成,如果该语言既不是英文也不是法文,则应包括其中一种语言的译文。

一、船舶防火控制图的内容

船舶防火控制图主要由船舶参数栏、图例栏、视图栏和说明栏组成。

1.船舶参数栏

船舶参数栏主要包括:主尺度、排水量、载重量、总吨、全船定员、航区和船级信息等说明船舶技术状态的相关数据。

2. 图例栏

图例栏中列有船舶消防设备(包括探火报警系统、防火系统和灭火系统等)、救生设备、通风设备和其他必要设备的识别符号、名称、全船配备总数以及该设备的分布区域和数量等。图例栏中的符号为国际海事组织统一标识符号,这些符号是识图的基础,有助于快速、准确地掌握船舶防火控制图。

3. 视图栏

视图栏包括船舶右舷侧视图和各层甲板俯视图。

(1)右舷侧视图

右舷侧视图是从船舶的右舷向左舷做正投影得到的透视图。右舷侧视图能反映出船舶沿船长方向和沿船高方向的结构。它通常绘制在船舶防火控制图的上方或左上方。通过右舷侧视图可以对船舶进行纵览,了解主要功能区域的布置:

①沿船长方向,从船尾至船首依次排列展示尾尖舱、舵机间、机舱、淡水舱、燃油舱、滑油舱、货舱、压载水舱和首尖舱等;

②沿船高方向,从船底外板到天线最高点之间依次排列展示机舱各层甲板和起居处所各层甲板等。

通过右舷侧视图还可以知晓这些主要功能区域处于何种消防设备和系统的保护之下。右舷侧视图一般会清晰标示出起居处所外部、机舱内部、上甲板、货舱和侧推机间等区域总的脱险通道和逃生路线图。

(2)各层甲板俯视图

各层甲板俯视图是从各层甲板的上方向下方做正投影得到的透视图,也叫顶视图。各层甲板俯视图能反映出船舶沿船长方向和沿船宽方向的结构与消防设施的分布。其主要包括:船舶各层统长甲板,从上而下依次为上甲板、二甲板、三甲板等;沿船长方向不连续的平台甲板,主要有首楼甲板和尾楼甲板;上层建筑各层甲板,习惯上按照英文字母顺序或该层甲板用途命名。

通过每层甲板俯视图,可以了解该层甲板上整个空间的布置情况,包括船员住舱、走廊、梯道、厨房、餐厅、储藏室、娱乐室和工作间等;也有该层甲板上详细的消防安全配置,包括探火设备、灭火设备、通风设备和救生设备等;还有该层甲板舱室使用的 A 级分隔、B 级分隔通道,逃生路线上的通道和门(防火门、水密门)等。

此外,对载客超过 36 人的船舶,船舶防火控制图和小册子应按国际海事组织制定的指南提供有关防火、探火和灭火的资料。

二、船舶防火控制图的作用

(1)船舶防火控制图集中展示了船舶所有消防配置和救生配置,能让新船员在最短的时间熟悉船舶的结构和消防救生设备的位置。

(2)船舶防火控制图能够在船舶消防应急时,提供给船长和现场指挥所需要的全部技术信息,有助于船长和现场指挥确定火灾扑救策略。它还能帮助现场消防人员选择进出火场的路线,找到火场中可使用的消防设备和通风控制设备的位置。

（3）船舶防火控制图标明了船舶应急逃生路线和紧急逃生呼吸装置的数量及位置,人员被困火场时,可以准确找到紧急逃生呼吸装置,选择安全的应急逃生路线,迅速撤离。

（4）船舶因故不能正常举行消防演习时,可以使用船舶防火控制图进行桌面推演,预先设定船舶失火位置,然后根据船舶防火控制图上所列信息讨论应急方案。这样的桌面推演可以大大提高船舶实际应急时的应急效率。

（5）船舶防火控制图提供的信息对船舶进行安全设备检查、维护有参考作用。船舶防火控制图上标示了船上所配备的全部消防设备和救生设备,按照船舶防火控制图检查可以避免遗漏。

（6）船舶防火控制图对船舶进厂修理或更换消防、救生设备有参考作用。按照船舶防火控制图对船舶的安全设备进行修理或更换,可以保证船舶的检验标准,如未经船级社批准擅自改动船舶防火控制图上的设施,会影响船舶检验的顺利通过。

三、存放和展示要求

（1）船舶防火控制图应有永久展示的总布置图,向高级船员提供必要的辅助和支撑,通常张贴在驾驶台、集控室和生活区走廊等处。

（2）作为替代,经主管机关同意,船舶防火控制图可合并成册,每位高级船员人手一份,而在船上易于到达的位置应有一份副本可供随时取用。

（3）一套船舶防火控制图或含有船舶防火控制图小册子的副本应永久存放于甲板室外标有明显标志的风雨密盒中,供岸上消防人员使用。

（4）船舶防火控制图应保持更新,任何改动均应尽快予以记录,并得到船级社的认可和批准。

第五节 船舶消防应急通信

通信是影响消防应急行动的重要因素。消防应急过程中,如果不能建立有效的通信联系,可能会因为指挥混乱而导致应急行动失败。船舶消防应急通信主要包括对外通信和对内通信两个方面。

一、对外通信

对外通信由驾驶台团队在船长的指导下完成,主要通信对象包括:

1. 周围船舶

船舶火灾发生之初,在操纵船舶机动航行之前,船舶需要通过其高频（VHF）和自动识别系统(AIS)等向周围船舶播报本船动态,提醒他船注意,避免发生碰撞等火灾次生危害。

2. 公司

向公司(包括船舶管理公司、船东及租家等)的报告会贯穿整个火灾事故,从发现火灾采取行动开始,到火灾彻底被扑灭或失控弃船为止,船舶需详细报告船舶位置、天气海况、起火部位、可能的起火起因,已经采取的灭火措施、灭火的效果,是否有人员伤亡、是否产生污染、是否有续航能力、是否需要救援,船体、设备和属具的损坏情况、货物损失情况等。

3. 沿岸国海事管理机构

如果火灾事故发生在沿岸国海事管理区域内,包括分道通航、进出港航道、港口锚地等,则需要向沿岸国海事管理机构报告船舶航次信息、火灾状况、是否产生污染等,若需要救援或者使用化学消油剂,必须提前申请。

二、内部通信

内部通信是指在火灾应急过程中,总指挥与现场各应急组组长之间,各应急组组长之间和各应急组成员之间的通话。内部通信主要方式有公共广播系统、自动电话系统、声力电话系统、便携式对讲机和传令员等。内部通信时应使用船舶工作语言。

参考文献

［1］国际海事组织. 1978 年海员培训、发证和值班标准国际公约马尼拉修正案：汉英对照［M］. 中华人民共和国海事局, 译. 大连：大连海事大学出版社, 2010.

［2］国际海事组织. 国际海上人命安全公约综合文本 2014［M］. 北京：人民交通出版社, 2015.

［3］IMO. International Code for Five Safety Systems (2015 edition)［M］. London：International Maritime Organization, 2016.

［4］王新, 曹铮. 基本安全：防火与灭火［M］. 大连：大连海事大学出版社, 2012.

［5］刘书平. 船舶高级消防［M］. 大连：大连海事大学出版社, 2012.